心霊科学入門

人生を導くスピリチュアリズム

日本スピリチュアリスト協会会長
春川栖仙 著

ナチュラルスピリット

目次

第三章　人生・成功の秘訣

序文

この世に生を享けている大部分の人たちは、時には生命の不思議さを思い、また人生のあり方について考えることがあるでしょう。もう少し具体的に言えば、必ずしも確固とした主義・主張に基づくものではないとしても、自分の属している社会の一員としての役割について考え、また、自身については、とりわけ「成功」とか「幸福」など人生の最大の関心事に思いを寄せるなど、そうした人生の基本的テーマに無関心のまま一生を過ごす人はきわめて少ないでしょう。

その解決を導く手段あるいは心の拠り所の一つとして宗教に求めている場合も多いようです。しかし、一部にはもっと科学的な、再現性のある、手段を探求している人たちもいます。

私たちは、この種の課題に関しては心霊科学が担うべき領域であると信じています。もちろん、その領域は森羅万象の一切にかかわることをカバーしていますが、私たちの身近な関心事に限定して言えば、各人は日常的な心身の研鑽次第でインスピレーションなどにより自らの使命を知ることができます。そして、その使命を達成するためには、すべての局面において自己責任を前提として努力を積み重ねることで、必然的に「成功」や「幸福」を手に入れることができるとされています。

さて、心霊科学という分野をご存知でない、あるいは明確には理解していない人たちが多勢おられることと思うし、それどころか多くの人々はそれ自体を知ろうとしない、あるいは無関心な多くの人々がいるようです。

また、心霊研究というと、マスコミで紹介されるような幽霊や幽霊屋敷などの怪奇現象、あるいは諸種の占いや、市中で行われている霊媒現象へ関心が向きがちです。

そこで、この心霊科学や心霊研究という言葉に馴染みがない方に簡単に説明しておきます。

まず、心霊研究とは、「各自の勝手な霊的体験などによって行われるものではなく、科学的見解に基づいて、人間の超常的性能や一般の科学によって認められない人間の個性に現れる種々の心霊現象を研究すること」と定義されています。その研究対象として前記のような現象を対象とすることもありますが、それらについて詐術の有無などを厳密に検証する必要があり、研究者がにわかには信用することはありません。

ついで、心霊科学は、心霊現象を科学的に純粋な立場を堅持しつつ研究する学問で、心霊現象の事実に立脚しつつ真理探究を目指し、直観の世界から精神の世界へ、霊魂の世界へ、さらに物質の世界へ、五官の世界へとその領域を進めているのです。

心霊研究グループとして、英国心霊研究会（ＳＰＲ）のように、①テレパシーの存在、②死とまぼろしの関連性、③催眠状態の存在――に限定し、死後の個性の存続に関しては結論を保留しているところもあり、スピリチュアリスト団体のように、それらをすべて容認しているところもあります。

また、心霊研究や心霊科学を自然科学と対立させて考える傾向もありますが、それらが究極の目的とするところは、共に人類の文化の発展への貢献に向けて努力しているわけであり、直接の対象や探究の方法などにそれぞれ多少の異なりはありますが、いずれは共通の結論に達するはずのものです。

特に、スピリチュアリズムの研究は、心霊科学とほぼ同義ですが、それを一歩進めて、「死の関門を通過した他界の人霊と交信を行い、さらに、より高い世界の超人間的存在者との霊的交通によって導かれた一つの思想体験」（アーネスト・W・オーテン＝英国の心霊研究家、１８７５～１９５２）とされています。したがって、永遠の生命（死後個性の存続）に対して、科学的実証を与えることができるものはスピリチュアリズムを差し置いて存在しないと主張しています。それが事実であれば、当然私たちにとって理にかなった「人生の指針」の手がかりが得られるはずです。

浅野和三郎（1874～1937）は、諸心霊事実から、人生の指導原理であると同時に、哲学、科学、道徳、宗教の4領域に分類してそれぞれを位置づけることができるとしました。

浅野の主張によれば、いわゆる欧米を中心として発達してきた、いわゆる欧米の近代スピリチュアリズムとは必ずしも同一のものではないとされます。それは日本の霊学と欧米の近代ス

浅野和三郎

脇長生

ピリチュアリズムの結論を基礎として、帰納的に構築し、さらに人生の指導原理として新しい思想体系へと発展させたものです。

したがって、それは日本人にとって、日本思想、日本精神の理念に基礎をおいて体系化されたものです。そこが重要な点で、日本スピリチュアリズム（日本神霊主義）は宗教（新宗教、新新宗教）ではなく、ましてやカルトの一つとして分類されるべきものではないことを強く主張しておきます。

彼の主唱したこの「日本神霊主義」、そして「人生の指導原理」は、その後、浅野の後継者であった**脇長生**（１８９０〜１９７８）によってさらに完成度の高いものとしてまとめられました。

心霊研究や心霊科学の領域によっては、人々の宗教・信仰の歴史的背景によって、例えば死生観の違いに見るように、関心を抱く領域や解明の方法が異なる傾向にあります。例えば、主としてキリスト教国である欧米では自然科学的な手法が多く用いられ、わが国では直感的な理解から解明を進める傾向があるようです。それは種々の物理的霊能現象の解析が前者で、神仏の顕現、竜神や天狗、日本的精霊の研究など、むしろ精神的現象の研究を後者が得意としていることからも分かります。

このように心霊研究は、心霊科学、そしてスピリチュアリズムの科学へと発展し、さらに広い領域へと裾野を拡げつつあります。すなわち、対象は人間を手始めに、この地上すべての現象、太陽系、銀河系、そして宇宙の原理・機構の解明へと及んでいるというのです。

これはすでに述べた通り、自然科学や精神科学と対立するものではなく、いずれとも調和のとれた総合科学としていずれかの時代に合流するはずのものです。

なかでも私たちが注目しているのは、特に人生にかかわる懸案の問題である「人生の指導原理」についてです。その拠り所は心霊科学の研究結果から導き出されたものではありますが、一般的常識に照らして反社会的な、あるいは調和を乱すものでなければ、私たちの生き方を示すものとして容易に受け入れられるでしょう。これはいみじくもケンブリッジ大学教授で初代SPR（英国心霊研究会）会長の**ヘンリー・シジウィック**（1838〜1900）が、「長年、倫理学を研究した結果、人間の死後の存続を認めなければ、十分に道徳を説くことができない」と語ったとされることと一致します。

ヘンリー・シジウィック

繰り返しますが、「人生の指導原理」とは、もともと心霊科学に立脚し、人生のすべての原理を探求しながら、それを思想体系（「日本神霊主義」）として樹立するまでに至りました。その内容は、霊魂が不滅であるということ、それは死後においても人間の個性が存続するということが基本となることは言うまでもありません。すなわち生き通しの私たちに一貫しているもの、それは言うまでもなく肉体ではなく、「心」、「精神」または「霊」としての存在です。

したがって、この地上世界から死後の世界へ至る、そしてそれ以後の霊の世界における存在としてどのような進歩向上の経過をたどるか否かが問題となります。それらは本文中において心霊科学が現在までに解明できたところを紹介していますが、私たちが地上生活から死後の世界へ続く一貫した歩み、そこに決まり（法則）があることを理解する必要があります。そこから冒頭に述べた通り、人生の意義、そして各人に課せられた使命を知ること、そして、常に自己責任において自らの目的達成（使命の遂行）のためにひたすら努力することが私たちに求められていることであると知ったわけです。

実生活において、その示唆しているところによれば、肉体と精神の双方のバランスのとれた活動を保ちながら社会生活を営むあらゆる場において努力を積み重ねることが大切であり、この結果として有意義な人生を送ること、すなわち真の成功、あるいは真の幸福へ進むことができるという、いわゆる「王道」を提示しています。特に唯物史観に重きをおいた価値観によって、多様化し混沌とした現代にあって、多くの人々が「本来の人生のあり方」について再考する機会を持っていただくことが重要で、その参考資料として本書を役立てていただければ幸いです。

本書執筆にあたり、この貴重な機会とご支援をいただいたナチュラルスピリット社の今井社長、編集担当の磯貝いさお氏、デザイン担当の小粥桂氏、その他関係の方々に深謝申し上げます。

第一章
形而上学の「科学的」ということ

私たちの世界は、特に物質科学において驚異的な進歩を遂げてきましたが、宗教、信仰などの形而上学についてはまだ科学化されているとは言えません。例えば宗教について、多くの一般人から信仰として受け入れられてはいますが、霊や霊界（地獄、極楽）の存在に代表される主張は、実証することによって万人を納得させるところまで至っていないことからも言えます。

ところで、人は、意識しようとしまいと、幸せになろうとしています。その幸せの定義は多様でむずかしく、社会的な名声を博することを主張する人もいれば、芸術や科学などの分野で活躍したいという人、あるいは平和で温かい家庭をつくり維持していくことに価値をおいている人もいるという具合です。そして、その意識の背景には主義・主張のほかに信仰や信念の力が大きく働いています。

多くの人たちは、その目的達成のために日々努力を重ねているわけですが、残念ながらごく一部の人たちは悲観的な思想でがんじがらめとなり、どうにもならない状態に陥っています。

私たちは、前者を「向上の道」に進んでいると言い、その心を「向上心」と呼び、当然のことながら、積極的な人生を歩むことで、時を経て目的にかなった収穫を少しでも多く刈り入れることが可能となります。これに対して後者は、「向下の道」を「向下心」によって進み、消極的な暗い人生を歩むことになります。

人間の歴史を見ると、ある時代、ある人やある集団の経験を糧にし、それを継承させつつ、より良いものへと発展させてきています。これは生活に直結した有用な道具などの発明や便利さを求めたものばかりではなく、芸術や科学、その他の領域において目覚ましい発展を遂げさせ、さらに将来は想像上の、あるいはそれ以上の進歩を遂げることになると思われます。

さて、私たちは、日常生活を通していろいろな考えや想いを抱いて生活しています。そのいろいろというのは、道徳的に善悪に関するものから、建設的な考えやその反対に破壊的とでも言えるような考え方に基づいている場合も含んでいます。

人は、ある先入観あるいは信念に基づいて判断し行動していますが、平和な社会を構成・維持するためには、自分の立場が尊重されると同様に、他人の考え方や立場も尊重することが求められます。

本書では、以上に記したことが、日常における種々の行動の集積や心の働きが私たちの人生にいかにかかわり、そして支配しているかについて、また心とはどういう存在であるのか、現在までの心霊科学（スピリチュアリズムの科学）の手法によって得られてきた内容を紹介しながら述べていきたいと思います。

そこでまず、スピリチュアリズムについて現代科学、特に自然科学との関係において説明しておきます。

自然科学と心霊科学

まず、科学の発達史を簡単にふりかえってみると、近代科学が始まったのは16世紀中葉のコペルニクスが地動説を唱えた頃からであると言われています。そして18世紀にニュートン力学が認められるようになると、特にヨーロッパ社会における自然科学は神との分離が行われるようになってきました。そこでは新たな科学的知識が集積されると今度は検証作業に入り、それに耐えたものは人類共通の財産として次の発展の原動力となってきたのです。

このように自然科学を中心として、科学は人間の五官を駆使することで自然の事象について客観的に精査を進めてきましたが、19世紀になると、心霊研究およびスピリチュアリズムの研究が勃興してきました。これは自然科学において引力の存在を突き止めたように、科学的態度と手法を堅持しつつ、自然界や人間同士の目に見えないものの働き、霊示あるいは霊（的）現象、そして奇跡について研究しようとしたのです。

そこで、精神や本体などととらえどころのない存在や現象について研究する形而上学の分野に、科学的手法を大胆に取り入れて証明していこうとした、その最初の学問が心霊科学でした。この学問に参加した科学者の多くは、心霊現象が「いかがわしいもの」であるとの否定的な見解と先入観を持ちながら研究に入ったにもかかわらず、結局はその事実を肯定せざるをえなくなったことは今さら述べるまでもないのですが、一方、すでにスピリチュアリストとしてその事実・真理を認めた人たちも、人類始まって以来の膨大な記録や業績を精査し、研究を進めて成果を上げてきました。

心霊分野の研究は、ある時代、ある時期には強く否定され、そのたびに強い打撃を受けつつも心霊現象が実在することを確信していくども復活を遂げてきています。そのためにこの分野を科学化して実証していこうという道をいち早く選び、地道にしかも人が認めざるをえない成果を積み重ねてきたのです。

わが国の心霊科学

浅野和三郎は、わが国における心霊研究の草分けとして誰しも認めるところですが、彼は心霊の分野を科学化すること、すなわち科学の一部として普遍的な検証方法に耐えるものでなければならないと考えていたのです。そのために西洋の方法論を導入し研究したのです。それは、それまでの日本的な考えにとらわれないもので非常に高く評価されることでした。

浅野は外国語が堪能で、自らの体験と外国語のセンスをマッチさせて西洋のスピリチュアリズムを紹介した人であるということがあまりにも強調され、多くの一般の人たち、そして少なからずの研究者からもそのようにしか理解されていないようです。しかし、彼はわが国の霊的分野の伝統や実績をあくまで重視し、したがって欧米のスピリチュアリズムと日本のスピリチュアリズムとの違いを意識し、「日本神霊主義」を提唱し、またスピリチュアリズムの学問的価値を重視し、「スピリチュアリズム」の訳を「心霊主義」ではなく「神霊主義」を採用しました。

それは単なる「主義」にとどまることなく、人間の個性が死後も不滅であることから、どのような生き方が重要であるかという人生の進むべき指針（「人生の指導原理」）を兼ね備えた学問、という意味を持たせているからです。

このように自分たちが進めていた心霊研究が西洋の研究の受け売りではないこと、それが彼の心の叫びであったと理解されるのです。それは彼の多くの著書を見れば明らかなことです。そして浅野の意思を身近に強く感じていた脇長生が、生涯をかけてわが国の心霊科学の研究を発展させながら、浅野が生前残していた原稿をすべて世に出したことは実に敬意に値することでした。

残念ながら、脇自身の研究については真の研究者以外にはあまり知られていないのですが、浅野の研究を引き継ぎ、それを検証し、肉付けをしつつ、日本独自の心霊現象や霊の世界の研究を深く推し進めており、いずれ時が来れば、その業績は高く評価されることでしょう。

さて、人類は科学が発達する以前から経験的に合理的な手法を自然と身につけ、その時代その時代において日常の生活にさほど不満もなく過ごしていたわけです。しかし科学の必要性については、各時代の先見性のある人たちの活躍によって進歩してきた面があります。

心霊科学の関心は、①心霊研究を地道に積み重ねていく人たち、②優れた審神者と霊能者の協力により研究する人たち、③霊格の高低を度外視して、一般向けにショーや娯楽の分野で利用しようとする人たち――によって成り立っています。この③が、一般にある程度の知識を周知させる意味を持つとしても、結局は、人々をその娯楽性の範疇にとどめてしまい、心霊科学の発展を遅らせる重い足かせの役割も担わせてきたのです。

さらに、形而上の問題の立証は一般には理解し難いこととして、それに宗教のように信仰に従属させ、あるいは「見せ物的」社会現象を起こすものとして利用され、また自称心霊科学者

（心霊研究者と異なり、霊魂は認めるという程度の研究者）は厳密な科学的研究に携わらず、あるいは若干の霊的体験などを契機として外国の書物を翻訳するなどで満足しているという現状があります。

心霊現象の研究

心霊現象を研究するにあたって、現象の再現性を含め、霊媒（者）による研究はどうしても欠かせません。それにつけ、霊媒はあくまで独特の個性を持った人間であるため、体調や情緒の変化などの影響を受けて、必ずしも計算通りに正確に現象を顕すことができません。すなわち、再現性に多少問題があるということです。そこにはさらに好意的なあるいは悪意を持つ周囲の人たちの思い（正確には意念、またそれに構成される霊的雰囲気・環境）によっても実験結果が多分に左右される実に微妙な研究分野だからです。そこで霊媒抜きの方法が必要となりましたが、これは「最近の心霊研究」の項（29ページ）で述べるように、その分野の研究も進められています。

さて、人間は死後どうなるかについては、正統科学の上からは「死んだら、それで終わり」

ということでしょう。

それについて信仰の立場からは、例えばキリスト教の立場では、「死後は最後の審判の日まで休息している」ということになります。しかし、スピリチュアリズムの立場からは「人間の個性は死後も存続する」ということで、現幽交通（注：地上と死後の世界との間の交通）が可能という理解に基づいて生前および将来の死後の過ごし方に少なくとも無関心でいることはできなくなりました。

信仰を完全に否定する人たち、それは世界人口から見れば少数ということが言えましょう。しかし彼らの多くは信仰の対象がいわゆる「神」に象徴されるものでなく、物質ということであれば、「神」を「物」に置き換えれば、人間は何らかの信仰、信仰に類似したもの、あるいは主義を支えにして生活しているというわけです。

ちなみに、世界の大きな宗教としてキリスト教などがまず脳裏にひらめくと思いますが、ユダヤ教に源を発するキリスト教、イスラム教等では絶対の神の存在を厳然と位置づけています。

仏教についても、「無霊魂論」であると主張する人もいますが、漢訳の仏典の「我」とはアートマンのことであり、そのアートマンは個人に内在する精神的実体であり、宇宙の原理であるブラフマン（梵）に合一した時、輪廻から解放されるということで、いわゆる「霊魂」に相当する存在を認めているわけです。この可否にとらわれて議論するとなると、例えば一例として、死後の一定期間である中有《ちゅうゆう》（注：人が死んでから次の生を受けるまでの期間）の時期の存在の理解が困難になってきます。釈迦は「十難無記」ということでその教えについては触れないで通したといいます。日本の神道も言うに及ばず、いずれの宗教においても「神」の存在は不可欠です。

しかし、スピリチュアリズムの立場では「人間個性は死後も存続する」ということ、この世とあの世との交信が可能という事実に基づいて、現世の生き方や将来の死後の過ごし方に少なくとも無関心でいることはできなくなったのです。

彼岸、すなわち死後の世界の概略は第二章で述べることとして、心霊現象の事実を知ることで、私たちは単なる刹那的な存在ではないこと、そればかりではなく社会におけるそれぞれの人の人生の問題と深いかかわりがあることが分かりました。

ケンブリッジ大学教授で初代ＳＰＲ（英国心霊研究協会）会長を務めた、ヘンリー・シジウィック（写真9ページ）は、長年倫理学を研究した結果、「人間の死後の存続を認めなければ、十分に道徳を説くことができない」と語ったと伝えられています。

それ以上に、人間の死後の存続が私たち地上の人間と霊の世界とのかかわりや決まり（法則）を見いだすことによって私たちの生き方に大きな影響を与えざるをえないことを知り、唯物的・微視的な考え方に基づく刹那的な、あるいは投げやりな生き方を認めることはできないということになりました。

しかし、その真の解明を妨げているものとしての実感は、科学的思考よりはむしろ、一部の信仰（団体）や思想（団体）が独断的な主張をすることの方が大きな障害となりうるということです。

それは明らかな心霊事実であっても、かえって人生の問題の究極の解決を誤らせる可能性が少なくないからです。本来の科学は自然科学的テクノロジーと合わせ、形而上の学問を含め、すべての領域についての真理を客観的に正しく知ることであり、実証されるまでは、仮説などの懸案事項として対応するほどの謙虚さが必要であることは言うまでもありません。

占いの科学化

占いの信憑性については、現代の科学化された社会にあって、人々の評価は支持・不支持が入り交じって定まりません。

欧米では一般人はおろか、政財界、芸能界など占星術には多数の信者を抱えています。2010年のサッカーのW杯南アフリカ大会で、フランス・サッカーチームの監督が占星術で選手を選考したとの報道がなされていたことが話題になったほどです。

また、米国では、レーガン元大統領夫人ナンシーは、ファーストレディ時代にジョン・クイグリーという占星術家の助言を受けていたことが知られています。とくに大統領暗殺未遂事件（1981年）以後大統領の身を守ることから重用を深めたため、ホワイトハウスのスケジュールにも支障が及ぶようになり、ついには当時の首席補佐官の辞職にまで発展しました。

わが国でも、テレビその他のマスコミでやたらに種々のタイプの占いが垂れ流しとなっています。一般人は科学とオカルトの共存を望んでいるかのようです。

かつて新聞の紙面（読売新聞2000年11月29日付）に次のような話題が取り上げられていました。ここにその要旨を記しておきましょう。

……

米に占星術専門大学が誕生――修士号取得も可能

最近、米国では占星術を専門とした大学が設立され、学士号（BA）はもちろん修

……

士号（MA）が授与されるという。この種の大学の設立にむけては欧米の占星術家の強力な後押しで推し進められ、2000年夏から、「ケプラー・カレッジ」という名前で稼働しはじめた。

学部は4年制で、はじめに占星術の歴史、天球図の作成とその解釈、占いの実技の習得、専門過程に入ると、心理学、社会学、金融、哲学、文学などの近接分野の学問の習得と併せて論文の執筆、口頭試験などがある。同時に、ラテン語やギリシャ語の素養を身につけるコース、ネットを利用した通信教育制度が整えられているという。

占星術というものに学位を出すことに異論が出るかもしれないが、ニーズさえあれば大学が設立できてしまう米国の自由さや公開性、併せてアカデミズムというものを考えるきっかけを与えているようでもある。

こうした動きはケプラー・カレッジに限らず、英国のバース・スパ大学も修士号などの証書を発行しており、その他、ソフィア・プロジェクトは英国のサザンプトン大学、レスター大学、ケント大学（カンタベリー）での占星術の研究に優先的に資金を提供しているとのことです。

ソフィア・プロジェクト

１９９６年に米国・ロングアイランドの哲学者たちによってソフィア・オムニが設立され、ソフィア・プロジェクトが始まった。大学生に哲学、宗教、倫理学分野の研究に必要な援助をすることで、この分野の研究に関心をもつ世界中の人々とつながりをもつようになった。２００９年には自前の出版社を設立し、オンディマンド出版のブームの火付け役となった。

占星術に対する科学者の異論

占星術について米国の科学の最先端をリードする識者たちがすでに次のような反対声明を行っています。その要旨は以下の通りです。

占星術に対する異論（The Humanist、1975年9／10月号）
——186名の指導的立場の科学者による声明書

世界中でますます信奉者を増やしつつある占星術について、天文学、天体物理学、その他各界の科学者たちは、一般市民がその予言や助言を無防備に受け入れている現状を憂慮して警告を発したい。占星術を信じようとする人々はそれにはまず科学的基盤がないことを自覚すべきである。

古代においては、人々は占星術者の予言や助言を信じていたが、それは魔術的世界観からすると、正統なものであると見なされていたからである。彼らは、この地球から惑星や星とのかぎりなく遠い距離にあるという概念を持ち合わせずに、天体観測の結果を、神からの予兆として理解し、地上世界の出来事と結びつけていた。

実際に遠くの惑星、さらに遠い星々により及ぼされる引力等の影響がいかに小さいものであるかにもかかわらず、人間の誕生時にその影響力が将来を言い表すこと、ある日、ある期間の特定の行動に対する示唆、人と人とのウマが合うかどうかなどの判断ができるであろうか。

占星術を信奉する人たちは、この不安定な時代にあって、物事の判断に大きな手がかりを得ようとし、また予定された運命を知ろうとする気持ちは分かるが、今こそ、自分たちの将来は星に委ねることではなく、その束縛を離れて自分自身の内にあることを自覚すべきである。

とくにメディアその他広く信頼されている新聞、雑誌、その他の出版物に占星術の図、予言、ホロスコープなどが継続的に無批判に取り上げられていることで人々は混乱させられているのである。これは不合理と蒙昧主義の成長に貢献するだけのことである。

われわれは、占星術の専門家と称する連中の偽りの主張と直接的かつ効果的に対決する時が到来したと確信している。

蛇足ですが、「インフルエンザ」（流行性感冒）という言葉は16世紀頃からヨーロッパで使われ出したということです。語源はイタリア語で、「星の影響」（インフルエンス）という意味だといいます。占星術の方面で、星の影響で、疫病の流行が起こるということが考えられたようです。

最近の心霊研究

ここで人間の死後の存在について、解明に携わっている最近の心霊研究の事情について紹介しましょう。

これはこの世とあの世の間の交信、すなわち「異次元間通信」に関するものです。死者との交信、特に生前仲の良かった人や動物との意志の疎通を願う人々は、それが主観的であれ、客観的なものであれ、大勢いたことでしょう。

こうした願いを科学的方法によって真っ正面から取り組むきっかけとなったのは、西洋における自然科学を中心とした科学にやや遅れて誕生したスピリチュアリズムの研究を通してです。その後、幾多の苦難を乗り越えつつ地道な努力を積み重ねた結果は、「スピリチュアリズムの核心は、死の関門を通過した他界の人霊との交信を行い、さらに他界世界の超人間的存在者との霊的交通によって導かれた一つの思想体系である」というアーネスト・オーテンの言葉に要約されたと言ってもよいでしょう。

そもそも心霊研究は、各自の勝手な霊的体験などによって行われるものではなく、あくまでも、科学的見識と方法によって、人間の超常的性能あるいは一般的に認められていない人間の個性に関連した種々の心霊現象を研究することにあります。

そのような心霊現象の研究の一分野として電子通信という部門があります。それまでは、あの世との交信、霊界通信、幽冥交信（交通）等々の呼称が用いられてきたものは、どちらかというと霊界からの情報、例えば「霊界とはどういう所か？」とか「霊界の諸事情」、加えて「地上でこれから起きることの予言」などを通して、短期的あるいは長期的にかかわらず私たち地上生活者へのある種の指針を教授してもらうなど、人間による霊媒機によって霊界からの情報を手に入れる場合が多かったのです。

これに対して、電子通信の場合は機械装置によってあの世とこの世との情報交換をすることで、霊媒の持つ潜在意識の働きなどを排除した、より純粋な交信が行われるところに大きな意味を持ちます。

霊媒現象はこの通り、人間が両世界の仲介（媒介）を行っているもので、その質的性能の善し悪しの他に、交霊時の情緒の安定性の問題、研究者を取り巻く周囲の霊的な環境など、さらに他界の霊魂の高低によってもたらされた情報によっては信憑性が大きく左右されます。そこに通信機としての霊媒の信頼性が、恒常的なものでないことが常に問題となるところであり、正確さを要求される実験にはその都度、細かい検証が必要となるわけです。

そこで、霊能発揮を補助する意味合いばかりではなく、より安定的かつ客観的な情報を受けられるよう、機械を通して相互通信の研究がなされてきました。

実際のところ、異次元間通信は数十年前からカセット・レコーダー、電話、留守電応答機、ラジオ、テレビ、コンピュータなどの電子記録や交信装置によって、すでにある程度可能となっています。これはしばしば偶発的に、しかも時々長期間継続することもあります。こうして電子機器を使い、各地で実験が行われてきました。

初期の研究としてはダイナミストグラフなどが知られています。これはオランダの物理学者**J・L・W・P・マトラ**博士（生没年不詳）と**G・I・ツァールベルク・ヴァン・ゼルスト**（生没年不詳）が霊魂の指導で作り上げた装置で、霊媒が関与せずに直接、霊界通信ができるというものです。オランダ物理学会はこれを認めませんでしたが、ヴァン・ゼルストの父の霊から受信された現象については否定することができませんでした。その詳細は1911年頃出版の共著 "Het Geheim van den Dood, 5vols" に記されています。

1920年代になると電気学に造詣の深い**トーマス・エジソン**（米国の発明家・起業家、

ニコラ・テスラ

トーマス・エジソン

１８４７～１９３１）が死者との交信機を作ろうと開発を試みています。

エジソンは真空管の発明者クルックス卿に助言を乞い、『トーマス・エジソン通信機』を発明したと言われていますが、それが実際に機能したかどうかについては明らかではありません。彼は物質主義者の立場でありながら、科学的試験で証明されるものであれば、スピリチュアリズムを受け入れる用意があったといわれます。それにもかかわらず、彼は交霊の事実を信じていた形跡があり、それは両親がスピリチュアリストであったことも一因と考えられます。１９３１年、彼は臨終の床にあって主治医に、「あちらの世界は美しい」と語ったそうです。

それに対して、エジソンの生涯の競争者であった**ニコラ・テスラ**（セルビアの発明家、１８５６～

フリードリッヒ・ユルゲンソン

マーク・メイシー

1943）もオシレイターを開発し、今日活躍が注目されている**マーク・メイシー**（米国の研究家、1949〜）らの映像によるインストゥルメンタル・トランスコミュニケーション（ITC、「電子（映像）霊界通信」）研究の応用へと継承されています。

1930年前後に英国に初めて電話を導入した心霊研究者、**ジョージ・ジョブソン**、**A・J・アッシュダウン**、**B・K・カークビー**、それに霊媒の**I・E・シングルトン**夫人の協力を得て会が結成されました。前者の3人は「死亡協定」を結び、死後個性の存続の証明を行おうと約束しました。1930年にジョブソンが他界し、その3カ月後に約束の通信をある霊媒を通して行い、さらにその指導により、「レフレクトグラフ」（霊媒の介在不要）、「コムニグラフ」（霊媒の介在が必要）という霊魂との通信機器を、また「アッシュ

コンスタンティン・ラウディヴ博士

キール・ジョブソン・ヴァイブレータ」という円滑に交霊会を進行させるために役立つ器械を製作しました。

さて、電子通信の本格的研究はまず電子音声現象（ＥＶＰ）によって始まるのですが、それは１９５９年に**フリードリッヒ・ユルゲンソン**（スウェーデンの映画プロデューサー、１９０３～１９８７）が鳥の声を録音中に人の声が混じっていることを発見したことが契機となったと言われています。

さらに、ラトヴィアの心理学者**コンスタンティン・ラウディヴ**博士（１９０９～１９７４）が、１９６７年に他界した自分の母の声を記録することに成功しています。

１９７１年、**ジョージ・Ｗ・ミーク**らが、霊能力者であり電気技師であるビル・オニールと他界からの応援者、ＮＡＳＡの科学者・**ジョージ・Ｊ・ミュラー**（１９１８～２０１５）の協力によってスピリコム装置を開発し、そして改良を加え、１９８０年に成人男性の音声の音域を補う13種類の音を確保しました。こうして霊魂の声を捉えることに成功していったのです。

１９８５年には、**クラウス・シュライバー**（ドイツの電子音声現象研究家、？～１９８８）

ジョージ・J・ミュラー

ビル・オニール

ジョージ・W・ミーク

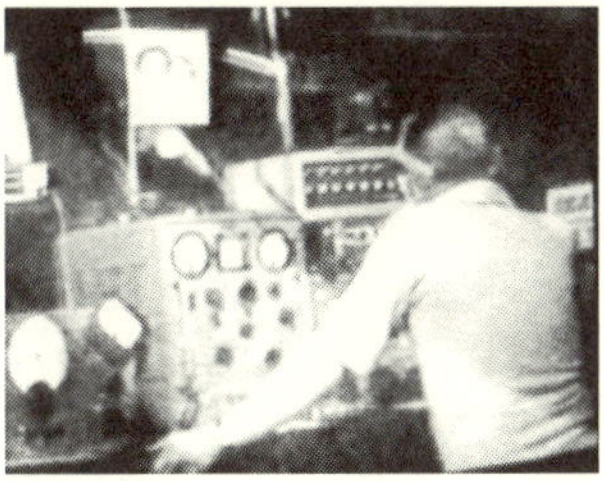

スピリコム装置

らがテレビモニター上で死者の画像を得ることに成功しました。シュライバーは自身が強力な霊能の持ち主でもあり、ビデオ実験をするためにＥＶＰによって他界の協力者から助言を受けていたそうです。彼は１９８５年には光電子フィードバック方式によるテレビを使って霊魂の映像を受信し始めました。その中にはアインシュタイン、オーストリアの女優ロミー・シュナイダー、他界した家族のうち２人の妻と**カリン**という娘の出現であり、特にカリンの協力は研究への大きな推進力となり

カリン（死後・左、生前・右）

クラウス・シュライバー

ました。

その後、1985年にはルクセンブルクのハーシュ＝フィッシュバッハ夫妻らも優れた通信システム（コンピュータやファックス機器など）を開発し始めました。

1992年には、ユルゲンソン、ラウディヴ、シュライバーなど、すでに他界していた研究者たちが電子機器を通してメッセージを送ってきています。

以上の通り、イメージ（画像）を捕捉・記録するものをインストゥルメンタル・トランスコミュニケーション（ITC）と名付け、音声にかかわるものをEVPと呼んでいます。いずれも霊能現象の分類としては「物理的霊能」にかかわるものであり、それらの研究は死後個性の存続を証明する有力な手段となりえるものとされ、現在、世界各地においてさまざまな組織が活動しています。

EVPにおいては、電子機器によって記録される死者の声、例えば気味の悪い声、歌声、ハミング、奏楽などで、通常は断片的な言葉や突飛な内容のもの、一方で非常に分かりやすく、起こっている事柄を言い当てたり、出題した問題に答えるという試みにも成功していますが、これらの多くは偶発的パラノーマル現象（超常現象）に属し、本来的には、通常のテープレコーダー、あるいはディジタルレコーダーによって、また、これらの声の多くの例では留守電に記録されていたという場合もあり、その都度、記録が真性なものであるか否か、現在もさまざまな方面から検討されています。

その声は、受信者たちの名前、受け手である私たちの名前を上げ、また他の身元証明の情報を正確に提供し、地上で生きていた時の様子を述べ、私たちの疑問に答え、全く日常会話のように意見を交換するなど、多くの事例でそれが誰の声であるかも特定されています。そして、誰もが肉体の死後も生命が持続することを知ってもらいたいという強い思いを持っていることが伝わってきます。

ハーシュ＝フィッシュバッハ夫妻

ＩＴＣは、その証明をより厳密なものとするために、結局は実験者の霊能力とはかかわりなくできることが目的であり、今日でもまだ技術的には完成された状況にはありません。研究者の信念、

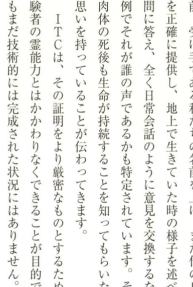

思想、態度などがＩＴＣに若干影響を与えますが、チャネリングに比べてその影響は少ないのです。

チャネリング霊媒（広義の霊媒）ではテレパシー的に情報を受信した場合、霊媒の潜在意識などの影響を80％くらいまで受けることになります。すなわち20％ほどが霊魂から伝えられる情報です（良好なトランス霊媒では80％の正確さで受信していると言われています）。それに対して今日の先進的なＩＴＣ装置では、常に80％ほどの正確さが期待され、最高の入神霊媒と等しい結果を得るまでに至っています。

技術的観点から、ＩＴＣの究極の目的は電子技術システムを発展させることにより、地上側の参加者の霊能とは隔絶して機能させることで、この研究の分野ではハーシュ＝フィッシュバッハ夫妻らの研究所（CETL：Cercle d' Etudes sur la Transcommunication, Luxembourg）の研究が進んでいると言われています。

アンヌ・ドゥ・ギニェの事例

１９９３年、当時すでにCETL（ルクセンブルク電子霊界通信研究所）のコンピュータとファックスに大量の超常的なメッセージが舞い込んでいました。その中に、**アンヌ・ドゥ・ギニェ**と名乗る若い女性からの通信があり、現在大学教授でありITCの研究家でもあるレミ・ショヴァンが彼女の子ども時代の友人であったということでした。彼女は若くして他界し、死後も彼の傍にいて霊界から何かと世話をやいているということでしたが、彼の方では思い当たらないようでした。

１９９３年11月10日、電子霊界通信研究者たちがアンヌの写真２枚を受信しました。その１枚はルクセンブルクの研究所のコンピュータに、もう１枚はリフェニッヒ（ドイツ）のアドルフ・ホーメスのテレビを通して得られたものでした。写真には次のような文章が添えてありました。

「アンヌ・ドゥ・ギニェ。１９１１年４月25日、アンヌシーで生まれ、１９２２年１月14日に霊界入り。レミの守護天使（注：心霊科学の「支配霊」に当たると思われる）となる。」

アンヌ コンピュータ画像

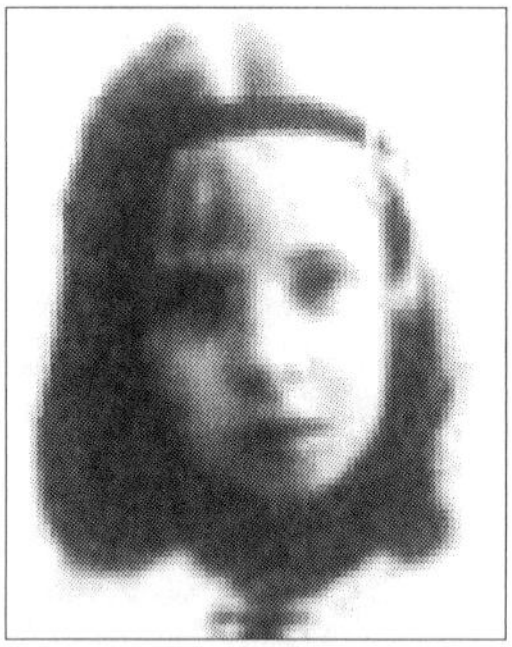
アンヌ 生前写真

アンヌ テレビ映像から

その後、これらの写真は一般公開され、ドゥ・トリヨン・モンタランベール著『少女時代と聖化 Enfance et sainteté』（１９８９年、パリ、サンポール版）という書物で紹介されています。その表紙に掲載されている少女像が１９１９年頃の生前写真です。

読者諸氏におかれては、その相似をどのように判断されるでしょうか。

マーク・メイシーの言葉によると、「私たちの器械を通して我々に話しかけてくる存在（霊魂）は、霊界から自分自身の身分について積極的に証明している。異次元間の交信はより強くなり、トリックなどの詐術として反対する者たちの立場はかなり弱くなっている」ということです。

ＩＴＣの研究の一つとして興味深いものに、**スコール実験団**（注：物理的な心霊現象に基づいて死後の存続を証明しようとする英国の研究グループ）が「**ゲルマニウム装置**」という装置を用いた方法が知られています。その装置の設計図は、その背後霊団から未開封のロールフィルム上の手書き図としてもたらされたものです。

スコール実験団の研究の一つとして、霊魂工作者たちの協力による「アリス・プロジェクト」と呼ばれているものがあります。その実験によると、ビデオカメラと一つの鏡の背後にカメラを備えた二つの鏡を効果的に用いていますが、それは他の鏡に戻る電子発光物を捕らえ、反射することで、可視ループが形成されるといいます。（**サイコマンティウム**：psychomanteum, psychomantium, 鏡面凝視）

一方、メイシーは、テスラの考え方、すなわち電磁波と物体とは共振を起こすだけではなく、人間同士の感情、思想、心的態度に強力な力を発生させ、霊界との交信を容易にするといいます。

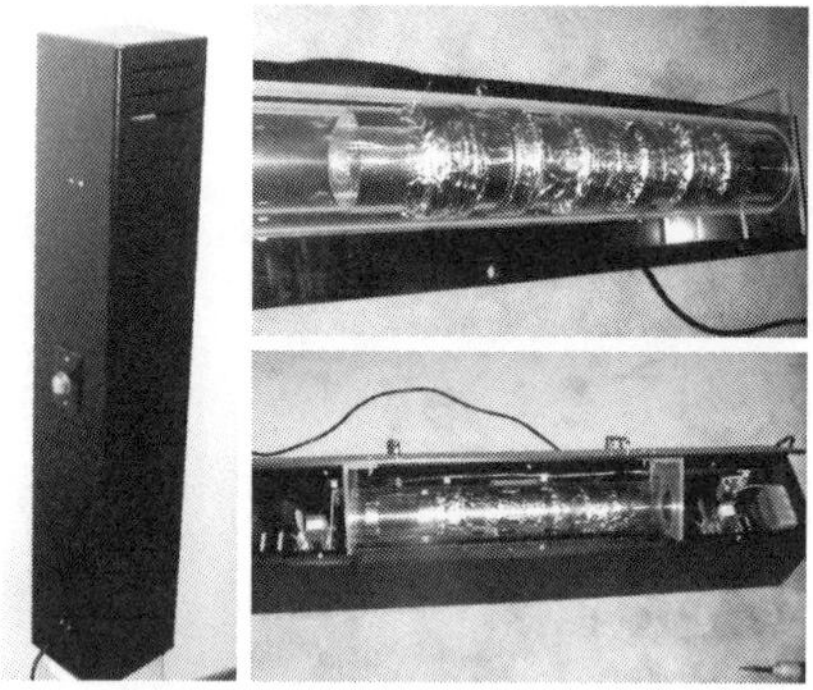

ルミネイター

メイシー（左）とルミネイター

メイシーは、それは人間のみならず、地上の他の生物にも当てはまり、さらに三次元的地球ばかりでなく、物質世界を超えた、すなわち霊の世界とも交信が可能であろうと考えていました。そして、ＩＴＣの分野へ応用の歩を進めたのです。

　また、テスラの考え方を引き継いだパトリック・リチャーズ（生年不詳）は、テスラー以来の新しい精妙なエネルギーの研究から、**「ルミネーター」**という約1・3メートルのタワー型装置を開発しましたが、それは装置から前方向30メートルの範囲で環境を全く変化させるものでした。

　メイシーが磁力計をその装置が設置されている部屋へ持ち込んで測定すると、磁針が北へ15度も変化しました。また、**ルミネーター**の前で、ある人をポラロイド写真で撮影したところ、そこに故人の顔がいくつも写っていたのでした。

こうして、ルミネーターは物質界と霊界との仕切りに当たる障害を取り払うことに成功し、それによって霊界の友人たちの映像などをもっと身近に得るなど、さまざまな不思議な現象を起こしたのです。

現在、米国をはじめ英国、ドイツなどで**ルミネーター**が使用されており、メイシーはＩＴＣ研究、特にポラロイドによる霊魂の映像化に使用しているが、彼以外のところでは治療に応用されているといいます。

このように世界中の数多くのＩＴＣ研究者たちが研究を進めており、近い将来、確実な成果を生み出すはずです。

ロナルド・D・ピアソン

ピアソンの研究

英国の**ロナルド・D・ピアソン**は死後の個性存続、すなわち人間があの世で生き続けることを理論的に、また一連の実験によって確信を持って公表しました。

ケティー・キング

ウィリアム・クルックス

彼は「ニュートンの再来」と呼ばれるほどの研究者で、その経歴は社会的にも十分に信頼を得ています。彼にはガスウェーブタービンなどの発明があり、物理学と宇宙学に研究を進め、ついに死後個性の存続を受け入れるに至ったといいます。

彼の研究は、19世紀の科学者**ウィリアム・クルックス**（英国の物理学者、1832〜1919）の有名な**「ケティー・キング」**の物質化現象を含む実験室における心霊研究に強い影響を受けたと言われています。

ピアソンは量子論によりアインシュタインの相対性理論を再検討した結果、数学的にスピリチュアリストが認め、心霊研究者の研究課題であった「エーテル」の存在を初めて立証したのです。さらに精神（魂、霊）と肉体の脳とは異なる存在であり、前者は肉体の死後も「意識の座」として存続し続けていると言います。彼の科学的研究は、さらにアインシュタインの相対性理論の瑕疵《かし》の部分を証明しました。そして現在もなお、理論の実験的証明に向けて進めています。

彼は、「**サヴァイヴァル物理学アカデミー**」という機関を主として実験物理学における死後個性の存続の証明、物理学的心霊現象や他界との交信の事実などを検討することを目的として設立しましたが、その設立の前文で次のように述べています。

サヴァイヴァル物理学アカデミー（設立の）前文

量子物理学ならびに宇宙論は、高等数学を駆使するれっきとした科学の一分野である。それらは大きな成功を打ち立て、今や否定されることはない。とはいえ、いくつかの問題を残しているが、これらはサヴァイヴァル物理学によって解決されるのである．そしてきわめて驚くべきことに、肉体の死後に意識が存続するということを明らかにしたのである。

付録の文献にあるように、誤植による5つの論理的間違いが指摘され、それらは

ビッグ・バンの文献で確認されているが、理論全体の説得力をかなり削ぐものとなっている。しかしながら、瑕疵にとらわれない解釈をすると反対の補完エネルギーから成る粒子で構成されるバックグラウンドの媒体を必要としている。

すべての関係が主要教科書に記されているように評価されると、宇宙論の物理学における積年の諸問題に対する解決が見えてくる。査読（ピア・リヴュー）の出版物が示しているように、一部の物理学者はすでに以下の3つの問題に対する解釈を受け入れている。それは「宇宙定数」、引力の量子論的解釈、それに「波動・粒子の二重性」に対する満足ゆく解釈である。この結果、死後個性の存続（サヴァイヴァル）が理論的に回避できないことが示されるわけである。

あいにく、死後個性の存続は、精神が単なる脳の働きであると主張している正統派科学のパラダイム（注：特定領域におけるある時代に支配的なものの見方）とは全く相容れないのだ。我々の結論は、このパラダイムが覆されるまでは物理学のさらなる進歩は望めないということである。幸いなことに、その変化は生物学的進化に影響を与えず、それどころか、2つの未解決の問題に解答を与えている。

明らかに姿勢において革命的変化が要求されている。しかし、死後個性の存続という抗し難い証拠は1世紀以上も蓄積されてきているのである。残念なことに、教会やすべての科学的学問分野が共にその証拠を信じまいとしてきた。公衆や科学的領域にいる大多数の人々が一緒になって、この証拠を錯覚であるとか詐術という見方でしか説明のしようがないといって誤り導いてきた。だが、この証拠は死後個性の存続について、すべてにわたって実験的な証明がなされるほど強力なものとなっている。どこの人々でもこれらにパラダイム転換問題を適切に判断するためには自らこれを研究する必要がある。

サヴァイヴァル物理学アカデミーは、SPRの業績を補完することによってこれらすべての欠陥を修正する必要がある。その協会の歴史は、SPRが常に十分な努力と知的健全さによってこの見解を提出できないということ、それは現在の科学のパラダイムに従っているという言質を与えているようである。

これまで、あの世の存在というものが、あたかも近代および現代科学と無縁のまま進められていたかのように思われているかもしれませんが、以上述べてきたように、心霊科学と量子論の双方からの歩みによって、あの世の存在が客観的に認められつつあります。あの世と私たちの世界とはつながりがある、ということが改めて明らかにされた時、この地上に生命を享けている私たちにとってどういう意味を持つか、言い換えれば私たちはどのような生き方をしたらよいかという問題に突き当たります。これについては、すでにわが国の浅野、脇らによる霊魂の科学（スピリチュアリズム）研究から「人生の指針」という形で示されています。

マスコミの功罪

マスコミは、真の心霊現象も詐術による現象も、また視聴者受けを目的にねつ造した映像なども、検証の手続きを経ないまま無批判に垂れ流しています。そこには意識的と思われるほど、コメントや実演にうさん臭い雰囲気を常に漂わせています。そして、自称「霊能者」の存在が問題です。本来なら、しかるべき機関（残念ながら、わが国には存在しないといってよい）で十分研究された人であるべきであり、それであっても、霊媒の心身の状況いかんでは、いつも正しい能力が発揮できるとは限らないことを知るべきです。

また霊能には、いわゆる高級な霊魂との連携によるものと低級な霊魂との交信があるわけで、現状の心霊娯楽番組では怪しい交信や能力（常識的な人であれば、冷静な判断によって真偽を見分けることができるものも少なくない）を、詐術を加えて、遺憾なく公開しているといえます。

そのような状況が妄信的な人たちの満足を呼びつつも、他の冷静で知的な人々の反発を買い、なかなか日本では研究成果が挙がらない原因となっています。

私たち研究者としても、本当にそうした偉大な力を発揮できる人であるなら、どうして、犯罪の解決や人生の案内者として私たちが進むべき方向を示すなど、世の中のために大きな役割を果たして来なかったのでしょうか。どうして、そういう機構が働いているのか、証明して見せないのであろうか、との疑問がいくつも残ります。

霊媒の側からの一方的な話で、例えば、「赤く見えます。赤ですよ。あなたには見えないだろうが」といったようなことは、相手が見えないことをいいことに決めつけているだけではないでしょうか。それは「何とか流」の占いやマジックの範疇にとどまっているとしか言いようがありません。結局、霊能者が個人的な相談相手のみにとどまり、小金を貯めるだけの存在にしか見えません。

成功哲学

成功哲学とは、自分自身の精神的束縛から逃れ、あるいは現実的な名誉や富を得ることを目的とし、特に世間一般の成功者と評価されている人たちの人生の軌跡を分析・研究し、そこに共通した手がかりを見いだし、それらを自ら応用することによって目的を達成しようというものです。

この種の考え方は古くから認められますが、特に**ナポレオン・ヒル**（1883〜1970）の研究によって「成功哲学論」が認知されるようになったとされています。

成功哲学の提唱者としては大体3つに分類されます。

第1のグループは、信仰や思想に確固とした信頼と自信を持つことにより目的を達成しようとする考え方。

第2のグループは、成功者自身が体験を通して発見した成功への道筋を同様にたどるというもの。

第3のグループは、成功者たちを研究することで彼らに共通した問題解決方法を見いだそうとするものです。

チャールズ・F・ハーネル

ウィリアム・W・アトキンソン

第1のグループは、ニューエイジや新宗教に基づく主張が中心となります。例えば、**ウィリアム・W・アトキンソン**（1862〜1932）は一時、弁護士などをして成功していましたが、心身の疲労のため一変して挫折に追い込まれました。その時ニューソートに出会い、再び大成功を治めることになります。以後、ニューソート運動に本腰を入れ、ヨーガ哲学の導入を図り、心霊研究、オカルティズム研究、メタフィジカル・ヒーリングへと研究の場を拡大していきました。彼は『精神科学問答』（1889）や『引き寄せの法則』（1906）などを著し、精神的、経済的、そして健康面での成功について取り上げています。

チャールズ・F・ハーネル（1866〜1949）もニューソート運動に貢献した一人として有名です。著書『ザ・マスター・キー』（河出書房新社。原題

ラルフ・W・トライン

『ザ・マスター・キー・システム』）はニューソートの教科書として著されたもので、精神の啓発、経済的成功、健康の保持増進のあり方について記しています。彼は多くの組織の会員でもありましたが、その中で「フリーメイソン」、「アメリカ心霊研究協会」、そして「バラ十字」などの会員であったことが注目されます。のちにナポレオン・ヒルへ及ぼした影響も大きいとされます。

ラルフ・W・トライン（1866〜1958）も初期ニューソート運動の立役者の一人です。彼の著書はニューソートに関心あるなしにかかわらず多くの人々から愛読されましたが、**ヨハン・G・フィヒテ**、**ラルフ・W・エマーソン**、**ヘンリー・ドラモンド**などから影響を受けていたといいます。なかでも著書『幸福はあなたの心で』（1897、邦訳名は種々のものがある）は**ヴィクトリア女王**、**ジャネット・ゲイノア**、**ヘンリー・フォード**などにも愛読され、特にフォードは自らの成功をこの本に結びつけています。

ジョセフ・マーフィー（1898〜1981）はやはりニューソートの思想家であり、成功

フィニアス・クインビー

ジョセフ・マーフィー

哲学の分野で特に有名です。彼は「潜在意識の法則」を提唱し、その利用が私たちの日常生活に及ぼす大きな影響力を持つこと、すなわち成功への道筋を説きました。彼は若い頃に肉腫を患い、**フィニアス・クインビー**（ニューソートの思想家、特に病気治療に活躍した。1802〜1866）の心理療法により全快した経験が出発点となりました。また、**ウイリアム・ジェームズ**、**ラルフ・エマーソン**、**アーネスト・ホームズ**らから影響を受けています。

その他、最近も活躍している人たちに**リチャード・D・ウォーレン**（1954〜）や**スティーブン・R・コヴィー**（1932〜2012）がよく知られています。

第2グループは、成功者自身の言葉が重きを成すもので、最も説得力があります。その代表格が**アンド**

C・M・ブリストル

リュー・カーネギー（1835〜1919）でしょう。彼はスコットランド出身でアメリカにおいて実業家として成功し、「鉄鋼王」として知られます。彼は教育や文化の分野で私財を投入し、慈善家として尊敬されました。特に、努力する者への支援に力を入れ、貧しいというだけで無条件に金品を与えることを嫌いました。一方、既成宗教や神学とは一歩距離を保ち、もっと不変的な造物主に値するものの働きを信じていました。主著に『富の福音』があります。

第3のグループは、成功者たちに共通した生き方から一定の手本となるものを見いだそうとするもので、その代表格としてナポレオン・ヒルが知られています。彼は雑誌記者として、鉄鋼王カーネギーにインタビューする機会を得た時、カーネギーから「成功の哲学」を体系化する作業を提案され、即座に引き受けました。それから20年をかけて調査研究し、その間、カーネギーから507名の成功者を紹介されました。そしてそれらの成功者の資質、行動パターンなどに共通のものを見いだし、第1目標の「成功の法則」を体系化させました。彼の死後は**W・クレメント・ストーン**らによりさらに研究が進められています。

C・M・ブリストル（1891〜1951）は兵役を終え、自分と同様に退役後の人たちの多くが一般市民社会の中で苦しい生活を送っていることを知り、うまく適応し成功するための著書『信念の魔術』（1948）を出版し、これまでに百万部以上が売られています。彼はジャーナリストとしていろいろの人々と面談し、また心理学、宗教、心霊、科学、メタフィジックス、古代魔術関係など多数の書物に目を通し、それらの中に「信念が驚異的な働きをする」という、集中力の訓練と潜在意識の働きに大切な役割があることを発見しました。

彼自身も退役後は一文無しの状態にありましたが、市民生活に戻るやいなや大きな富を得ようと固く心に決めていました。そして実際にある銀行家の支援を受けたことを契機に、投資家として成功者への道へと進むことができたのです。彼は自ら成功を証明し、多くの人々に勇気を与えました。

このように成功者には共通する考え方があります。その秘訣は、明確な目的を心に描き、いついかなる時も思い続ける（時には声を出し、あるいは紙に書いてみる）こと、さらに達成時期を設定しておくことも大切です。そして即座に実行へ移す。そこにはプラス思考（積極的な思考）を日常の考え方と祈りに加え、目的を潜在意識に確固なものとして植え込む必要があるとしています。

しかし、それは一面的な見方であって、いわば「手法」にほかならないことを彼らは理解しています。そこで真の成功者には「奉仕の心」、「反省」、「感謝」、「調和」などの背景があることも教えています。

これらについては、スピリチュアリズムの考え方と共通することが多いのです。スピリチュアリズムは「科学」「倫理」「宗教」「哲学」の4部門から構成され、結局は、霊界の存在、そのつながりにおいて「人間の生きるべき道」（人生の指導原理）を示していますが、「人生の指導原理」の一分野として、あとで述べるように、成功哲学の理論的部分を担っていると言うこともできるのです。

第二章

心の働きについて

心とは

人間には「心」があるといいます。私たちは物事の判断を求められる時、そこには信仰を含め主義主張や先入観が介入する余地もありますが、人々はそこに「心」が働いているといいます。そこでまず、その働きを知る必要があります。

「心」とは誠意や思慮分別などという意味もありますが、ここでは、広く人間の精神活動を司るもので、善悪などの判断を下し、あるいは人格の評価に深くかかわると考えられるものとして話を進めましょう。

それでは、「心」とは具体的には一体どういうものでしょうか。明らかなことは五官では感じられないものですが、その働きの結果によってその存在が分かるというものです。

人は心と肉体を持っています。しかし、心は肉体と違い、目で見たり手で触ることはできません。心に関する医学研究では、感情、思考、意欲などの働きは、脳の機能が作り出していることが明らかであるとしています。

そこでまず、精神医学から見た「心」について現在までに分かっていることを紹介しておきましょう。

心の働きの異常は、脳にある神経細胞の働きの異常から生じます。治療面から考えると、その異常に働きかけ、元の正常の状態に戻そうとすることであり、心の薬（向神経薬）の作用によって調整しようということです。

脳には千数百億個の神経細胞があり、それらが皮質や核という部分を構成し、細胞はお互いに手を出し合って結びつき、ある細胞が発する刺激（インパルス）が化学的物質である神経伝達物質によって伝えられるような仕組みになっています。

実際は電気的な刺激がシナプスという接続場所に伝わることで情報が伝達されますが、シナプスから神経伝達物質が放出されると、次の神経細胞の受容体（レセプター）で情報を受け取らせます。そこでは電気的刺激が化学的なシグナルに変えられ、情報が伝達されるようになっているのです。

現在、60種類近くの神経伝達物質の作用が解明されており、さらに多くの物質が存在して、計100種類以上存在することが分かっています。そしてそれらが回路を作り、心の働きを形成することで、複雑な心の働きがこのように行われていると理解しようとしています。

治療は現段階では薬以外の治療法も併用されていますが、将来的には大半が薬でコントロールできるはずということで研究が進められています。

さて、これらの神経伝達物質の中で特によく知られているものに、気分、不安、強迫、摂食行動、睡眠の働きに関係すると言われる「セロトニン」、気分、集中力、注意、情動、疲労の働きにかかわっているという「ノルアドレナリン」、運動、血圧、心拍、幻覚、妄想、引きこもりにかかわる「ドーパミン」、抗不安、睡眠、抗痙攣作用にかかわる「ギャバ」、その他アセチルコリン、ヒスタミンなどがあり、また最近その働きが注目されているメラトニンなどの各種ホルモンも作用していると考えられていますが、説明は他の専門書に委ねましょう。

その他、脳で作られる麻薬様物質（オピオイド）のエンドルフィンやエンケファリン（モルヒネ様の働きとして痛みの緩和、幸福感）、カンナビノイド（マリファァナ様物質で記憶、学習、抗不安作用、食欲調節）などの物質も指摘されています。

さて、医学的治療の対象となる「心」の病気として、その原因が（1）体にある場合、（2）心にある場合に分けて考えることができます。

もう少し具体的に見ると、①外部からの因子によって脳に変化が起こる（外因性）病気として、アルコール、覚せい剤などの依存によって脳の働きが異常になるものや頭部外傷、脳炎などによる脳組織の障害によるものがあります。また、②自分の肉体（脳）の素質などに原因（内因性）するものとしては、統合失調症、気分障害（鬱病など）のように何らかの素因によるものがあり、さらに③いわゆる「心」に原因するものとして、精神的なストレスによって引き起こされる、例えば、急性ストレス反応、適応障害、ＰＴＳＤ（心的外傷後ストレス障害）、強迫性障害などが含まれます。

一方、うつ状態や錯乱は、ストレスが原因となり発症することも多く、原因が体か心のどちらにあるかが必ずしも明確ではないものもあります。

思春期の精神疾患

ここでは、思春期の精神病あるいは精神状態に関する興味深い研究を紹介しましょう。

平成22年の『メディカル・アサヒ』に「精神疾患の兆候は子ども時代から」（厚生労働科学研究費補助金）との見出しで、「こころの健康科学研究事業」の「思春期精神病理の疫学と精神疾患の早期介入方策に関する研究」が、２００７〜２００９年にかけて西田淳志を中心に実施されたと報告されています。

それによると、三重県、高知県、長崎県、愛知県、東京都の中・高校生を中心に、一部小学生、大学生を含む約３万人を対象にアンケート調査を行っています。

特に、「高校生のこころとからだの健康アンケート」によると、65項目に及ぶ質問内容は、同居家族、就寝・起床時間、食欲の有無、ダイエット経験などの基本的な生活習慣から、自殺願望、イライラや集中力などメンタル面を探るものなど多岐にわたります。

その中に、「他の人が聞こえないはずの『声』を聞いた」、「他の人には見えていない『物』や『人』が見えた」という精神病理の兆候を探る質問もありました。

この質問の中で超能力などにかかわる結果を見てみると、「超能力などによって、自分の心の中を誰かに読み取られたことがありますか?」という問いについて、「1回以上あった」は1・9%、「あったかもしれない」を含めると6・4%。

「テレビやラジオからメッセージや暗号が送られてきたことはありますか?」は、「1回以上あった」が0・8%、「あったかもしれない」を含めると2・2%。

「誰かに後をつけられたり、こっそり話を聞かれていることはありましたか?」は、「1回以上あった」が6・1%、「あったかもしれない」を含めると18・4%。

「他の人には聞こえない『声』を聞いたことはありますか?」は、「1回以上あった」は8・5%、「あったかもしれない」を含めると18・1%であったといいます。

それらの質問は統合失調症の早期発見・早期治療を目的としたもので、病気が確立するまでの兆候として不安障害、うつ病、注意欠陥・多動性障害などの発達障害、激しい非行などの行動障害という兆候として現れる場合が多いからです。

実は霊視・霊聴・ポルターガイスト現象、その他の霊能現象の発揮は思春期を中心に多いことが知られていますが、それとどのようなかかわりがあるのか今後の研究を注目したいものです。

ここでは、中高校生、すなわち思春期におけるいろいろな心の病気について考えてみましょう。

精神医学ではすでに述べた通り、こころの病気は「心」は「脳」という臓器の活動と定義し、肉体が風邪をひく場合に似て、脳が一種の風邪のようなものに罹ることで、脳の機能が不全状態となり、それが心の病気となり、さらに身体にも不調が表れてくるととらえています。

これらの病気には「気分障害」（感情障害ともいい、「うつ病」、「双極性障害（躁うつ病）」がこの範疇に含まれる）などがあり、また「摂食障害」である「拒食症」、「過食症」、不安や恐怖が強くなる「パニック障害」、「全般性不安障害」、「社会恐怖」、ささいなことが気になったり、神経質になる「強迫性障害」、幻覚体験や思考障害にかかわる疾患として「統合失調症」、「妄想性障害（パラノイア）」があります。

特に統合失調症については、すでに紹介した神経伝達物質の異常増加により脳内に混乱を生じ、情報の伝達がうまくいかない状態なっていると考えられており、15歳くらいの発症で、100人に1人の割合で罹るとされています。

統合失調症

統合失調症は、幻覚、妄想、まとまりのない会話、奇妙な会話や行動、情動のまとまりのなさなどの症状が1カ月以上続く病態と定義されています。

思春期・青年期に発病しやすい精神疾患で、発病の原因に関する研究も多いものの、世界的に認められた学説は現在のところありません。そこで、「脳の脆弱性に心理的、社会的要因ならびに生物学的要因が関与して発病する病」と曖昧な表現となっています。

「幻覚」とは、実際に見えたり、聞こえたりする対象が明らかに認められないにもかかわらず、「見えたり」（幻視）、「聞こえたり」（幻聴）することで、統合失調症では幻聴が多くみられます。

また、「妄想」とは、「事実ではない事柄を『事実』である」と確信し、訂正できない「考え」の障害とされます。統合失調症の妄想は、「被害的内容」であることが特徴となっているのです。

統合失調症の発症については、現在「心の病」から「脳の病」という考え方に変わってきており、治療に当たって心理的、社会的観点が重要視され、社会復帰に際しては心理的、社会的支援が必要とされる場合があります。その時期は、「なんとなく落ち着かない」、「不安感」、「イライラ感」、「集中困難」、「種々の身体不調」、「頭痛」、「不眠」などいわゆる「不定愁訴」が認められます。この時期に統合失調症と診断することはむずかしいのですが、初期症状としては幻覚、妄想、まとまりのない奇妙な言動などが特徴的で、なかでも「単純型」では、徐々に変化していく「興味の減退」、「表情の乏しさ」、「意欲の低下や会話の減少」、「ひきこもり」、「仕事の能率や成績の低下」などが特徴的で、初期は周囲から病気として気づかれることは少ないのです。

一方、幻聴があれば統合失調症であるかと言えば、必ずしもその通りとは言えません。幻聴を体験する人は他にも多くあり、特に入眠時や寝起きでの「幻聴」は普通の人にもかなり認められます。

例えば、「自分を呼ぶ声」を聞いた体験をしたことのある人はかなりの数に上ると言われています。また、「対話型の幻聴」（2人以上の他人が対話している幻聴、特に「自分を非難しているような対話」）は統合失調症の特徴とされていましたが、広汎性発達障害者などにも認められることが分かってきたのです。その他、ある種の脳の疾患（老年期の認知症など）、てんかんなどでも幻覚・妄想はよく見られる症状の一つです。

そこで統合失調症の診断は、幻聴だけではなく、妄想やまとまりのない言動や意欲の低下などさまざまな症状をまとめて、「パーソナリティーの変容」という総合的観点から下されるようになっています。

多重人格障害

さて、幻視、幻聴を体験するものの「統合失調症」と異なる疾患として、「多重人格」あるいは「解離性同一性障害」が知られています。

最近の研究では、多重人格の分身のそれぞれが統合性を示さないということで、「解離性同一性障害」という言葉を採用しているようです。

多重人格は、主人格とそれ以外の分身との関係において明瞭に区別され、同一性、記憶、意識の統合性を保てず、より受動的で情緒的にも抑制的なものと、より支配的で自己主張的、保護的あるいは敵対的な人格の状態を示す場合があり、二つの人格から数十の人格の状態を呈している事例もあります。そして中には主人格が長期間休眠し、二次的人格が主人格と誤解されるという事態が発生することも少なくありません。

この人格の交代は精神科の医師によって観察されることがありますが、その状態はまさに霊能者の交霊術を目にしているようです。これは何らかの感情的ストレスが引き金になり、カウンセラーの意思や暗示によって誘発され、意識的にも自然発生的にも生じます。人格の交代はうつろな表情の時、いわゆるトランス状態、時には演技のように見える意識消失など、霊媒現象と同様の経過を示す場合もあります。

ところで、二次的人格の出現時は、主人格にとっては空白の時間であり、記憶消失の時間となります。臨床症状としてはうつ状態、自殺念慮・自殺企図、自傷行為などが目立ち、身体症状としては、頭痛、幻視体験、幻聴、妄想、離人症状などが一過性に生じます。日本ではこうした疾患の人達が最近増加していると言われ、特に思春期以降、20歳代の女性に多いようです。

一方、アメリカの「解離性障害」の考え方は、多重人格障害やその辺縁の障害と捉えています。解離はストレスを回避するための無意識的な防衛機構が機能することにより、結果的にさまざまな精神症状を引き起こすことになるのです。それは次のようなものが含まれます。

解離性健忘：ストレスとなる体験後に起こる健忘で、個人的な経験や重要な記憶が選択的に想起できない状態のことです。

解離性遁走：失踪（場所の移動）に健忘症状が加わったことをいい、その目的はまさしく現実から逃げ出して忘れることにあるわけです。

解離性混迷：ストレスとなる体験後に起こる発語、運動や反応などの著明な減弱を指しています。

トランスおよび憑依障害：現代精神医学で扱う憑依障害は「憑依されているという妄想」に限定されています。ＷＨＯやアメリカのＡＰＡなど世界疾病分類では、「宗教的ないし他の文化的に受容される状態を逸脱して生じるもの」とされており、憑依現象や霊媒を決して否定しているわけではありません。

多重人格障害：かつて日本ではまれとされてきましたが、現在では決してまれではなくなっています。幼少時のストレスから生じた感情を別人格に任せることから始まり、成人する頃には数十から百を超える数の人格を造り出すこともあります。記憶が飛んだり、情緒不安定でストレスに弱かったり、いろいろな症状は別の人格に逃げた結果として現れると理解されています。

（注：精神医学関係の記述は日本外来臨床精神医学会編『Q&Aで理解する心の診療室』自由企画・出版、2010年を参考にしました）

しかしこうした病気に関しては、心霊科学からは「憑依現象」の一つとして理解されるものがあり、程度など種々の現れ方があります。しかしそれは霊能現象の現れとしても、必ずしも好ましい状態ばかりではなく、良い意味の、そして建設的な霊能発揮、すなわち真の霊媒現象とは区別して用いられることが多いのです。その他、スピリチュアリズムの多重人格や憑依現象などの事例や研究については、拙著『スピリチュアル用語辞典』（2009、ナチュラルスピリット社刊）を参考にしていただきたいと思います。

なお、精神錯乱については以下のような興味深い研究があります。

「精神錯乱」とは、思考障害を中心とする自己または他人に対して行動の自由が束縛されるべき患者の精神状態をいいます。そこでユージン・クローウェル博士は42施設から得た報告を統計処理し研究したところ、総計3万2313名中、牧師215名、スピリチュアリストはわずかに45名しか含まれなかったといいます。

肉体	（欲望の媒体、地上物質界に存在）
霊魂	（1）幽体（感情の媒体で幽界に通じる） （2）霊体（理性の媒体で霊界に通じる） （3）本体（英知の媒体で神界に通じる）

人間の霊的構造

人間の構造というと、人間の解剖学をまず頭に思い浮かべることでしょう。私たちは、それらの知識は事実として尊重しており、また少しも軽視や無視をしているわけではありません。さらに、医学的には臓器そのもののこれまで知られていなかった働き、例えば免疫的な働き、そして神経伝達物質、他のペプチドやホルモンその他の働きが次々と解明されてきています。

しかし、前にも述べた通り、心霊科学の観点からは、もう少し違った知識が得られています。それは、肉体、しかもそれらを構成している細胞の一つ一つに完全に対応するもう一つの影といえる存在、幽的存在があり、生きている間は私たちの身体、すなわち肉体と完全に融合していることが分かっています。もちろん霊視能力者を除いて、通常それは肉眼では認識できないが、そうした幽的部分と一体となった状態にあることによって、細胞の一つ一つは生かされ、また一人の生きた人間として存在できるのです。

幽的存在とは超物質体のことであり、あとで説明するように、私たちの超物質の部分は幽体、霊体、本体からできており、幽的世界（広い意味での「霊界」）において、幽体は「幽界」の世界で、霊体は「霊界」の世界で、本体は「亜神界」および「神界」という世界においてのみ活動が可能です。

この幽体と肉体とがつながっている状態が、生きているということになるわけですが、その間をつないでいるものがシルヴァー・コード（「玉の緒」あるいは「生命の紐」）と言われています。私たちが睡眠中や、あるいは仮死状態という、見かけ上死んだかのように意識を失っている状態の時には、その紐が伸びて、肉体と幽体が離れている状態にあります。その緒が肉体と接続する部分の多くは頭蓋骨の底部とされています。しかし、そのような幽体脱離者によってはなかなか見えにくい場合があります。

シルヴァン・マルドゥーン

もちろん、正常意識の働く覚醒時には肉体と一体となっていますが、自然に、または誘導によって睡眠に導かれると、肉体と幽体とは分離します。シルヴァン・マルドゥーン（1903〜1969、米国の著名な幽体脱離の研究家）によると、肉体と幽体との距離は普通、数フィート（約1m）以内で、緒はしっかりとした腕のように、分離を始めた時から終了時までの移動を制御し、特に肉体に危険が切迫した状況になると、脱離の状態からたちまち元の身体へと戻す役割を果たしているといいます。

私たちが意識を働かせ、活動している状態では、言うまでもなく肉体と幽体が融合・加重しているというわけです。そして研究を進めた結果、私たちの細胞と肉体を生かし、活動させている生命力は実は幽体の方にあることが分かってきたのです。

ある人が亡くなる、それも自然死を例にとってみましょう。厳密な「死」の判定は実は困難であり、どこが生死の境界であるか容易に区別はしにくく、脳波その他で検査し、蘇生が不可能と医学的に判定された時点でそのように判断すれば無難であろうということになっています。しかしこのように死んだと宣告されてもしばらく肉体の臓器の大部分は、特に細胞レベルでは生きており、それらの細胞培養も可能で、どこが境界であるか容易には区別しにくいわけです。

さて、この「霊魂」の超物質体、すなわち幽的成分、ここでは「霊的成分」と言い換えますが、それは幽体の他に霊体、それから本体という3つの構成成分から構成され、お互いに融

人間のオーラ

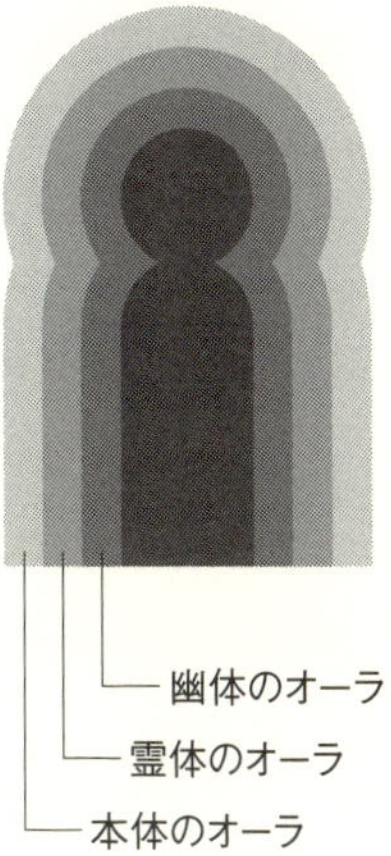

人間の構造

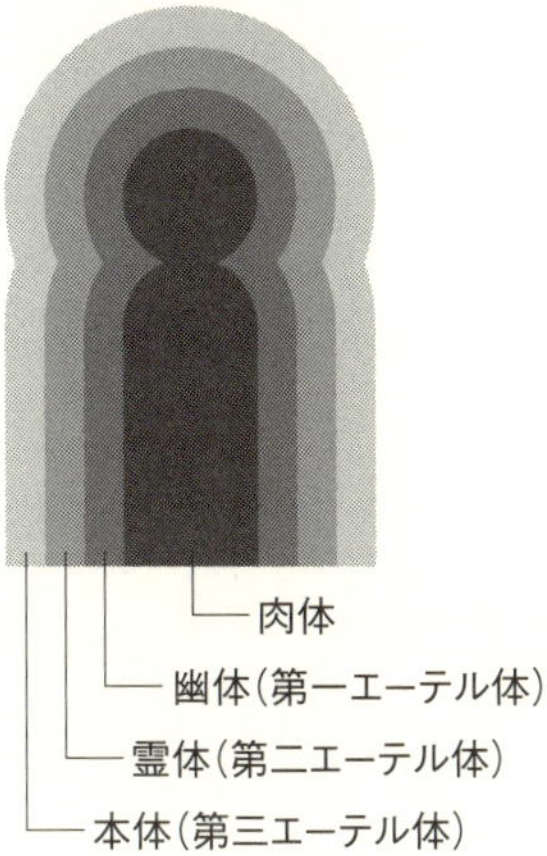

合・加重しているかたちを取っていることはすでに述べた通りです。そして各々は、各々の波動を有し、それは肉体も例外ではないのです。

もう少し霊的成分について説明しますと、それぞれは実質を持った存在であり、「超物質体」とも「エーテル体」とも呼ばれています。その中で、一番波長の長い「幽体」は、人間の心持ちで表現すると、「感情」の媒体となっています。人が怒ったり、興奮したりなどの感情の動きはそれと密接なつながりを保っているわけです。

「霊体」はそれより波長が短く（幽体より高級な波動ということができる）、「理性」の媒体となっています。それは無欲で冷静、知的な精神活動と深く結びついているのです。

「本体」は英知、すなわち、人間の究極の神的存在に相当するもので、おそらくどんな偉人であっても、そこの成分を発達させることのできる人はこの地上世界で見つけ出すことはむずかしく、おそらく存在したことはないであろうとされています。

これら超物質体は、それぞれにふさわしい霊の世界の場で活動するわけで、幽体は幽界で、霊体は霊界で、本体は亜神界あるいは神界でということになります。

霊魂という言葉が出てきましたが、その霊魂という存在は静的な状態にある時は丸い形をし、動的状態では自由自在な形を取り、地上の人間と接触をしようとする場合には、相手に認識されやすいように、地上生活を送っていた頃の姿と同一の形態を取ることが多いのです。

またそれぞれの超物質体は、それぞれについてふさわしい色彩を表し、幽体の場合は、感情・情緒に支配された動きを示すため、幽体の外皮である「オーラ」として時々刻々と変化する色彩によって観察されます。霊体、本体にもそれぞれの表現があり、それを観察できる能力者が視ると、おのずから高級感を認識するようです。（オーラの読み方や関連するお話は別の書に委ねたい）

ここまで考えてくると、霊魂とは自我そのものであり、いわゆる個性を示す中枢（自我霊）ということになります。「心」となると自我霊を中心としていくつかの（憑依している）霊魂の集合体から成り、その発する心の表現（意念）の高低によって、高級な心的状態であるか、低級な（未発達な）心的状態であるかの区別がつくもので、これは霊視能力のある人であれば、容易に理解されるわけです。また、人格的なものとなると、霊視能力者でなくとも、その人の日常生活や行動を観察することによって、ある程度の評価が可能なわけです。

さて、幽体について少し付け加えると、この幽体は、睡眠や仮死状態などの他に、霊魂自らの意思で、その肉体から自由に脱離することができます。これを「幽体脱離現象あるいは幽体離脱現象」と呼び、この幽体を「ダブル（二重体）」と呼ぶ人もいます。この「ダブル」という言葉は、神智学では「複体」と邦訳され、この場合は、霊魂ではなく、肉体に似た乗り物で、死に際して霊魂が脱ぎ捨ててしまい、まもなく崩壊してしまうことになる霊的というより物質に属する構成成分のことです。

皆さんがすでにご存知の心霊現象は、こうした霊魂（心霊）の働きによって起こされる現象を総称したもので、人間の存在、そして活動のすべてが心霊現象の一つの現れであることが理解されるでしょう。一般に心霊現象というと、すでに認められている科学的法則を離れた、あるいは無視をした奇異な現象を指す場合を想像する人が多いと思われます。

しかし、実験などによって細かく調査すると、実は科学で認める法則に基づいて行われており、またその一部はいまだ科学では確認されていないが、自然界の厳密な法則の下にあるということで、例えば現在、研究が進んで新しい知識を生み出している量子力学、生体の生理については遺伝子や免疫にかかわる分野などの発展が解決の糸口となる可能性があるわけです。

このようにして地上の人間は、肉体を持ち、物質的世界（この世）で生活を営んでいるのですが、同時に他界（広義の霊界）とのかかわりを持ちつつ、その世界の霊魂たちと常時交通しています。この交通は自らが意識しようとしまいと、私たちの心が発している同じ波動・波長を媒介として行われ、その原理はテレパシーの働きによって容易に理解できるはずです。

したがって、「類は友を呼ぶ」と言われるように、結局は他界の霊の働きかけもあり、彼らと本人の心の波長・波動の高低にかかわりつつ人生の幸・不幸が展開されることになるのです。現界の私たちの心持ち（心の浄化の程度）によって左右されることから、幸せな人生を送りたいと考えるのであれば、改めて日頃の心がけと密接な関係があることを重視する必要があるわけです。

他界の生活

ここで、他界の生活について霊癒家として有名な**ハリー・エドワーズ**（１９３～１９７６）の解説を紹介してみましょう。（『他界の生活』スピリチュアリスト34：10～12、２００２）

私たちは、一つの厳正な事実、そして基本的なものとして次のことを確信している。それは私たちが地上生活を終えても、それによって自身の存在がなくなるというものではなく、時間によって拘束されることのない新しい世界での生活に移るということである。

それはあたかも部屋から部屋へと移動するようなもので、これは豊富な証拠によって十分に裏付けられている。また、霊癒、霊視、物理的霊能、その他あらゆる霊能の存在ついても繰り返し証明されてきたことである。

この事実がよってたつところのもの、それは論理的なものに基づいており、これ以外道理にかなった説明など求める必要はない。私たちに用意されている霊界の生活についてもほんの少し垣間見せてくれているが、それも確かなことである。

どの霊界通信にも述べられているように、私たちはこの世を去った時は、まさに地上と同じ状態で霊の世界に入ると思って間違いない。それによって私たちは異なった存在に変わることはないからである。すなわち、私たちは天使になったり、叡知に溢れた存在になるわけではないのである。

私たちは死後もいまだ地上の愛、経験、知識、意識、記憶をそのまま引きずっている。そしてこれ以上のことはない。通常の場合、他界すると、すぐに明らかな変化が起こったことに気がつく。例えば、もはや疼痛やいかなる肉体的苦痛からも悩まされることはなくなる。

非物質的状態下（霊界）では物質的苦痛は存在しえない。苦痛の記憶をとどめることはあっても、それで苦しむことはないのである。

地上の生活はすべての方面で物質的状態にあり、霊界の生活は霊の次元（非物質的）のものなのである。それ故、新しい生活へと移行すると、もはや暑、冷、雨、季節、万有引力、生殖、年齢、四肢の欠損やその他の機能など物質法則下の影響を受けることはなくなる。

したがって、それは霊の生活である自由な環境への適応を楽しむ、非常に幸せな時期というわけである。

ここにちょうどもう一つの、さらに拘束の少ない生活に関するちょっとした例を紹介したい。それはご存知のように、音響には音域というものがあり、私たちには聴き取れない音域が存在している。これらの制約がなければ、そのフル・オーケストラの音響を聞き分けられることでもっと豊かな生活が繰り広げられるであろう。

同様のことが色彩にも当てはまる。霊界の生活では喜びと感謝にはとても大きな「美」の意味合いがある。一方、たとえ好みの食物や飲み物を渇望するとしても一時的であり、自分たちの体を維持するにはそうした栄養を必要としないのである。

ハリー・エドワーズ

私たちは他界の生活方法をなかなか想像することができないが、そこに移ると本質的には個人そのままであることから、当初の環境は地上の状態にほぼ近いようである。

そこではまだ歩行したり、どこかへ行くに

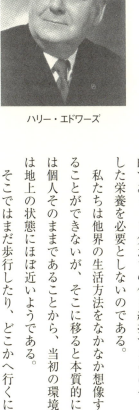

は大地があることであろう。私たちは着物を着たり、以前の生活から新しい生活に適応するよう手ほどきの案内を受けるとともに、自分たちより先に他界した友人や親戚を含む他の霊界の人々と交わりを持つことになるであろう。

その適応期間はそれぞれの人たちで当然まちまちである。すなわち、ある人は長い休養を希望している一方で、他の人は新しい世界を懸命に探検しようと活動していることは想像に難くない。

地上での不適応に悩んだ人たちは、突然の自動車事故で他界した普通の人と比較しても、特別な看護とケアが必要であろう。

創造の法則の下に、私たちは秩序ある進化する過程の筋道を目にしてきた。人は経験と、試行錯誤によって学び、小さな一歩を重ねて前進してきたのである。これは人間の霊的向上にも当てはまる。

これらの方法で、私たちは科学的知識の集積と人間の魂の発達を、原始的状態から偉大なものへ、無関心から犠牲的行為への過程で認めてきた。

進歩に関して同じことが霊の生活にも当てはまるということはたしかに論理的に成り立つ。地上では、私たちは悪に対する善の闘争を絶え間なく繰り広げている。それは、これが神から与えられた使命であり、同様に霊の世界でも続くからである。

これから生じたものは遠大なしかも重要な意味を持つ。霊界の生活は退屈でも怠惰なものでもなく、それぞれの人が最も魅力を感ずる特定の方向へと前進する機会が与えられていることが明らかにされている。

ちょうど霊医が私たちの病気を治す時に、私たちの肉体や心、霊化学や有効なエネルギーの使用法についての附加的知識を学んだと同様に、他の人たちにとっては、芸術、科学、リズム、音楽、文化、哲学、数学、科学等々の面の知識の充実がなされる。加えて、時間が存在せず、年齢も存在することがない、ただ変化の状態のみが存在するという、私たちはそうした生活を現在理解することができないが、このような諸方面にかかわる多くの新しい努力が求められているはずである。

どの霊癒も、私が将来の新しい生活について述べてきたことをほぼ立証してくれている。私たちは、どの治療も計画された行為であり、それはその実行方法を知る学識のある人を必要としている。

それゆえ、不治の病の人が健康回復するのを目撃するとすれば、人間より賢明な知性の持ち主（霊医）が関与していたということである。この賢い存在は研究と経験を重ねて優れた知識を獲得してきたはずである。霊界では望めば誰でも機会は与えられているのである。

もし私たちが伝達するものと、受容するものの間には調和が必要であるという法則をこころに止めておけば、その他の基本的な結論が理解できる。

治療家は患者に治癒エネルギーを伝達する機械であり、あるいは患者は遠隔治療の例のように、それらを直接受容するのであれば、現在この世の生活は霊の世界と近い状態にあることが分かる。

これは、私たちが肉体の死後も個性は存続し、例外なく、定めの時に享受する霊的財産の存在が真実であることを間接的に支持している。

それゆえ、私たちがこの世で生活する間に霊界での生活の準備をしておけば有利である。来たるべき生活は徒弟制度のようなものである。それはまさに神が私たちの行為に期待している大きな進歩と生活に刺激を与えてくれているということである。

スピリチュアリズムの真理が広く周知されれば、人間の行為はよりよいものと変わり、人間の真の友愛と、動物も含めたお互いの役割分担による共通の責任が現実のものとなることを知るであろう。

霊媒（者）

霊媒（者）というと、死者や他界の霊魂と地上の人間との間でお互いの意思を通じさせることのできる媒介者あるいは取り次ぎ役ということで、他界である「超物質界」と地上界である「物質界」との交通連絡の媒体ということになります。

わが国では昔から「神懸かり」、「巫女」、「神女」、「口寄せ」とも呼ばれ、神に仕えて人の吉凶を予言するなどの役割の人たちがありました。「巫覡《ふげき》」という単語がありますが、「巫」も「覡」もいずれも訓読みでは「かんなぎ」「みこ」、音読みでは「けき」「げき」と読み、前者が女性、後者が男性であるとされ、特に女性の霊媒が多いようです。

このように呼ばれる人たちは、たしかに特別な能力が異常に発達し、それを駆使しているのですが、本来的には私たちのすべてに多少なりとも備わっている能力です。

すなわち、私たちはみな霊媒能力を有しているということができます。ただ特殊な能力を発揮するのは霊的特性を有している人であり、こうした能力を発現するためには、先天的にそうした役割を持っている人と、後天的に修行などによって能力を獲得した人があります。

しかし、彼らが霊能現象（心霊現象）のすべてにわたって発揮できるかというと、そういうことではなく、ごく一部、例えば、霊言とか霊視、自動書記などの一つあるいはいくつかの能力を発揮することしかできません。さらに、そうした能力はある一定期間、例えば有名なステイントン・モーゼス（1839～1892）のような優秀霊媒でも約10年間しか霊能を発揮できなかったことからも知られています。さらに、その霊媒の日常の生き方など、人格的な評価が霊能発揮の良否の一つの指標とされますが、その高低によって当然のことながら霊能の質において差が出てきます。そして、結果的に霊能者自身の人生の幸・不幸とかかわることになります。

ところで、こうした霊媒のような能力が読者諸氏には必要でしょうか。霊媒の立場からいうと、彼らの日常は非常に大変です。いろいろな未発達な、迷った霊たちにまつわりつかれたり、見たくない霊や人間のいやな姿を感知するなど、始終そうしたことにかかわらなくてはならないし、頼ってきた霊の不幸な部分を肩代わりするような事態に陥るかもしれません。したがって、日常の生活や修行が彼らに振り回されないようにしなければならず、うまくいかないと精神病（者）として扱われることになります。

そのような事態を避けるためには、優れた指導者である審神者（出現する霊の真偽や霊格の高低の審判者）による指導が必要となります。一般人においても、多かれ少なかれそれらの能力を無意識的に発揮している場合も多く、結局は普通の人は、必要な時に霊感が働けばいいということになるでしょう。

心霊研究と心霊科学

心霊研究とは心霊現象の科学的研究ということで、研究者のとっている立場はいろいろで、当然、霊魂の存在を認めていない人たちも含まれます。そうした人たちは、「心霊」は認めるが、既成の科学的な研究方法によって事実が解明できないと考えると、結局は人間のどこかに自分たちの理解を超えた霊妙不可思議な心霊作用が存在するという、一元的な考え方を主張することになります。その理解を超えたところにいまだ解明の手がつけられないでいるわけです。

それに対して、「心霊科学」(「スピリチュアリズムの科学」あるいは「霊魂研究」とほぼ同義)は、これまでの心霊研究に基づいて、さらに未解明の領域に挑戦する研究を経て、霊魂の存在を認めることで、霊魂が生体に働いた結果、現れる作用を認める二元的に捉える考え方です。

言い換えれば、心霊研究は心理学的考え方を踏襲し、人間個性の問題を対象として研究する態度を堅持することで、結果的に死後個性の存続だけは認めることになります。しかし、心霊科学では人間個性の問題を対象としながら、死後個性の存続だけではなく、霊界を始め、宇宙神霊界を認め、個性を持った霊魂の存在を認める立場をとっています。そしてその目的は、宇宙の根本理念の解明、神（造物主）の正しい解明、人間のすべて、ことに人生の意義について追究することにあります。

したがって、人間的な研究ばかりではなく、地上と霊界（他界）との関係やすべての事柄、事象にわたり、それが宇宙的広がりを持つ広範囲なものを研究対象にすることになり、研究手法としては文献的な研究、実験的な研究、それに体験的な研究が含まれます。

本書では心霊科学を認める立場で話を進めており、したがって人間と霊の世界とのかかわりについての説明が必要になると思います。

人間の霊的構造の説明で、人間が霊的ないくつかの成分を持ち、それらがその波動にふさわしい霊界と常に同調する関係にあることはすでに述べたところです。

また、これまでの説明では人間の生命の部分は霊魂にあり、地上も霊界の一部であるということが分かりましたが、私たちが意識しようとしまいと、常に霊界と通じ、交霊を行っていることも説明してきました。そこで、人生観や世界観を正しく認識していなければ、実生活においても不幸や不運に悩まされることになるわけです。

人間は本来的に無病であり、悩みや生活苦などに縛られず、それぞれの人が与えられている使命の達成に至るまでは、長寿が保証されている存在として地上へ送られてきたのです。したがって正しい人生観や世界観を認識することにより、実生活において幸福そのものになることができるようになっています。

各人は、自我霊（自分自身の霊魂）の働きによって呼び寄せた、いろいろな霊魂との組み合わせと働きに対して自らの責任があるわけです。その組み合わせとは、先天的に守護に当たっている守護霊など守護霊団とそれ以外の未発達な低級霊のことで、それは常日頃からの行為、心の持ち方や心がけなどによって、どのような霊が働きやすいかということと深い関係があります。

人間の主体性

このように人間は、日常の生活の中でどうしても肉体に一番近い幽体の属性である感情的な働きが優位を占めがちです。特に感情的な、あるいは何かにつけていばっていたり、偉そうにしている人では、主として幽体そのものが働いており、この間、霊体以上の働きは抑えられているのです。

理性的な人には霊体的なものの働きが強く現れ、こうした心の動きはオーラを見ることによって知ることが可能です。

そこで不幸とのかかわりを考えてみると、悪因縁霊や悪邪霊について言えば、結局は自分が彼らと同じ波長・波動を起こし、そういう種類の霊魂を呼び寄せていることになります。「我」の強さ、わがまま、無反省、その他すべての心持ちから、ある波長・波動が発信され、それに応じた同種類の霊魂が引き寄せられてきます。

しかし、私たちがそれと同調する波長・波動を発信していなければ、私たちに悪意（例えば、自分や先祖の仕打ちに恨みを持ち、死後も復讐心を持ち続けている霊の執念）を抱いている悪因縁霊といえども、直接私たちに手を下すことはできません。そこで悪因縁霊としては、自分の思いを遂げようとして、その人、あるいは他の人に憑依して行動を起こさせ、目的を達成させようと機会を狙っているのです。

私たちの背後霊のうちで、守護霊のみは唯一の例外で、自分の意思とは別に生まれた時から守護指導の役目を担っています。守護霊は造物主の考えを尊重しながら、各自の使命達成と人間自身がどういうものかを自力で悟るように辛抱強く見守っておられます。ここに人間自らの主体性があくまでも貫かれているわけです。

したがって、他の霊魂たちは自分の意識・無意識を問わず自らが呼んでいるのです。そこでスピリチュアリズムは、心の、そして霊の「法則」を知るべきであると教えているわけです。

それは何もしないままでは何事も成就することはありません。まず各人には造物主（神）から与えられている使命があり、その使命の達成のために一能が約束されており、また使命達成のためには、物質的にも精神的にも、思うままの人生が展開され、健康が保証されていることを自覚することが大切です。

人間としては高い人格の持ち主として、自己の品性による高い徳望によって生き、人生は楽しく、生きがいを感じるべきものとしての存在があることを忘れてはなりません。そのようになるためには、どういう行動をとれば良いかということになるのですが、日常的生活において常に反省を怠らず、それに従って正しい人生を送り、高級な霊魂との道交に励み、向上を目指して努力する必要があります。

魂の親であり先天的な存在である守護霊をはじめ、支配霊、補助霊などは守護霊団を構成しており、私たちが幸せになるよう尽くしてくれています。しかし、実際の人間の活動は、自らの霊魂（自我霊）の活動のみで成されているわけではないのです。

ここに述べたように、私たちの背後には感応し、あるいは憑依している霊魂たちがいます。何とはなく地上に思いを馳せ、あるいは執着を持っている未発達な霊魂たちがいて、結果的には不幸へ導く働きをしている。それらは背後霊団の一員です。

すなわち、私たちとは切っても切れない関係の守護霊は魂の親であり、その統制下に支配霊がいます。支配霊はある特殊な任務、例えば霊媒現象を生起させることをはじめ、種々の専門的仕事を遂行することなど、私たちの背後で指揮・斡旋の労をとっています。

守護霊と異なる点は、先天的あるいは固有的と表現されるような絶対的な関係を持っていないことです。したがって、支配霊は後天的であること、そして人によっては一人もついていないこともあり、あるいは数人の霊が同時に働いていることがあります。

この支配霊の配下には支配霊の補助を務める霊魂たち、補助霊がいます。支配霊は自分の力だけで物事が解決しにくい場合に補助霊の応援を求めることになります。それは用件や仕事の基準、内容によって適宜選ばれます。補助霊はいわゆる悪霊から選ばれることはありませんが、人霊以外に動物霊や自然霊がその役目にふさわしければ、その任務を任されることも少なくないのです。

憑依霊の中には、人霊、動物霊、自然霊のうちの低級霊もいます。自然霊は、宇宙最初からの生き通しの霊魂の総称であり、一度も人間の肉体に宿ったことのない存在です。彼らにも本来的に向上心が具わっており、他界の各階層において活動しているのです。

このように、良い意味での憑依霊、悪い意味での憑依霊（未発達の霊魂）を加えて背後霊団を組織していることになります。

しかし、基本的には物質主義で感情的な人、これを総称して「動物的」と表現しますが、そうした低級な自我霊に対しても、その人物のすべてが低級であるものの、本来は神界から任命された守護霊の働き（指導）によって、地上界のさまざまな体験・苦労というものを解決させていくことによって徐々に高い人格を身につけ、幸福な人生が送れるよう約束されているということです。

以上から、私たちは地上の世界に意識を持って生活をしているつもりですが、実際はそこに現れる現象の奥に霊界があり、さまざまな霊と関係を持ちつつ存在しているのです。したがって、霊界の方が地上におけるようなごまかしに振り回されることのない、真実の存在ということになります。

霊魂の働きと人生の意義

人生の意義は、正しい霊魂研究による好ましい人間像に基づき、人間生活、人間活動、そしてその根本の生命現象を正しく見つめ直し、意義を見いだすことにあります。

すでに霊魂研究により、人間が霊魂であり、地上は霊界の一部であり、各自の念波によって霊界とは常に感応道交していることは述べました。霊魂否定論者であっても例外なく、その背後で守護霊はじめ諸種の霊魂が働きかけています。その結果、人生にかかわるすべてのことが霊魂の働きと密接な関係にあることが分かりました。

しかし、霊魂肯定論者であろうと否定論者であろうと、その信条とは別に、それぞれ幸福な人たちがいて、一方に不幸な人たちがいます。今日の世の中には不幸が溢れています。その不幸は個人、家庭、社会にいたるまで、また海や山の遭難や航空機、その他の交通事故などさまざまな形で現われています。しかし、いくら対策を立ててもこうした不幸は減少しません。その状況はどうして生まれてきたのでしょうか。しかも、私たちはすべてに幸福が約束されているはずなのに、現実の生活において不幸や災厄に悩まされなければならない原因とは、一体何なのでしょうか。

その理由は、無意識のうちに、私たちを守護しようとしている霊（守護霊）との道を、自らの霊（自我霊）の働きで遮断していることが最大の問題となるのです。そこで善い霊魂の働きを最大限に応用すること、すなわち彼らの協力を得ることが人生の幸せへ導く方法であり、各自の背後で守護・指導に与える霊（守護霊団）との感応道交が不可欠であることを知ります。

私たちの背後には、すでに述べたようにそうした守護霊団の他に、不幸へと傾斜させる悪因縁霊などが控えています。それらの好ましくない霊魂たちとの道交を断つ最良の方法は、日本スピリチュアリズムにおける精神統一の実修、少なくともその基礎となる「心身の浄化」の充実を図らなければなりません。

心霊科学がこれまでに明らかにしたこと

心霊科学の研究の結果を、以下の通り要約することができます。

それは日本スピリチュアリズム（日本神霊主義）の先達である浅野和三郎および脇長生により以下のように要約されています。このスピリチュアリズムの研究から導かれた知識は人生の教訓、すなわち「人生の指導原理」となるものです。

（1）心霊現象は科学的事実である

いわゆる心霊現象と称しているものの中には、詐術的産物、あるいは幻覚・錯覚に属するものが混在しています。その取捨選択、真偽を見極めるためには科学的検討手段が必要です。心霊現象には、ポルターガイストや幽霊現象のような偶発的現象に加え、実験室における研究を加えた数多くの現象があり、科学的検証によって大きな成果を生んでいます。

（2）どのような異常現象も自然の法則の現れである

現代の科学では理解できないとしても、どのような異常と思われる現象も未知の法則に従っていることを理解しなければなりません。自然の法則とは、自然界で現在の私たちが認知している法則であり、自然界の事象や出来事の間で成り立つ反復可能な一般的必然の関係にあります。それが一見奇跡と思える現象であっても、「超自然的」ではなく、「超常的」といい、私たちにとって未知の自然の法則に従っていて、現在のところその説明がつかないだけです。

（3）各自は自我の表現機関としての各種の媒体を有している

人間は自らの自我表現の機関として、各種媒体（幽体、霊体、本体）が存在することと、意念の動きとそれらの媒体との関係を明らかにしています。

（4）各自の個性は死後も存続する

人間は死後においても、その個性を保持したまま存在し続けています。その立証は現在も、世界中（特にスピリチュアリスト教会）で成されています。

脇長生は、「この心霊研究の結論として、人間の死後個性の存続は、人生の問題の解決にきわめて深刻な影響力を持つ最重要な事柄である」と指摘しています。

（5）各自は永遠に、向上進歩の途をたどる

霊魂の本質として、霊的発達すなわち向上性が具わっていることが明らかとなりました。現世の生活は、人間にとって第一の修業場であり、多くの経験を積み重ね人格を磨き、肉体を脱ぎ捨てた霊界を第二の修業場としてさらに修行を続けていくのです。

（6）死後の世界は内面の差別界である

死後の世界が現世とつながりがあり、さらに死後の世界は階層を成していることから差別世界が存在します。それによって内面の世界への追究や向上が意味のあることであり、私たちはさらに上の階層を目指して精進に励むことができます。

（7）各自の背後には守護霊がいる

次の（8）に記すように、各人は例外なく守護霊が守ってくれています。守護霊と本人との関係は密で、本人の人格や性格はほぼ60〜70％の割合で感化されています。

人間の霊的環境

人間（自我霊）			
背後霊	(1)守護霊団	①守護霊 ②支配霊 ③補助霊	
	(2)憑依霊団	①憑依霊	a 善い意味の憑依霊 b 悪い意味の憑依霊 c 未発達の浮遊霊

しかし、人間は自由意志を持った独立した個性でもあり、「心身の浄化」や「意念の統制」次第で向上の、あるいは向下の道へ進むことになります。

(8) 守護霊と本人とは切り離すことができない関係にある

守護霊に関する研究は、浅野（和）、脇らによって厳密に解明されました。守護霊団を主宰するのは「守護霊」です。守護霊は他界（狭義の「霊界」）の居住者で、宿命的に神界からの任命を受け、先天的に例外なく各個人の守護に当たっています。そこで私たちの使命を知る守護霊との感応道交の機会をいかに多くつくることができるかが一つの努力目標であり、そのためには「心身の浄化」と「意念の統制」が不可欠です。

(9) 地上と霊界間の交通は念波の感応による

地上の人間にとって他界の居住者とのかかわりは大切で、それは念（テレパシー）の受け渡しによって行われます。

（10）超現象の各界には、種々の自然霊がいる

自然霊は、かつて一度も肉体を持って物質界に出現したことのない、生まれながらの幽界・霊界・神界の居住者で、生き通しの霊魂です。これに対して地上生活を経験したことのある霊魂を帰幽霊と呼び、区別されます。

私たちは、高級な自然霊や低級な自然霊なども、（私たち自身が発する）波長、波動によって感応し、あるいは呼び寄せています。そしてその総合した結果が地上生活に反映することで、幸・不幸の中に身を置くことになります。

（11）高級な自然霊が人類の遠い祖先である

わが国では、昔から「人は祖に基づき、祖は神に基づく」と言い伝えられてきました。これは心霊科学の結論とも一致します。私たち人間の祖先をたどると、いわゆる高級の自然霊と呼ばれる高度に進化した霊たちに至ります。

（12）最高級の自然霊が事実上の宇宙神である

神とは、全知全能で宇宙を創造し、支配するというのが一般の定義です。しかし、心霊研究の結果、神とは第一義の神である宇宙の大生命で、宇宙神と言うことのできる存在から、第二義の神である差別相対的な神々、第三義の神である優秀な人霊をはじめとした霊界の居住者、第四義の正邪にかかわらず肉眼に見えない霊的存在などに分類されますが、いわゆる霊界の高級な霊魂とは自然霊であり、龍神と言われる存在であり、その中で最高位にあるのが宇宙神です。

しかしながら、私たちは便宜上、銀河系の、そして太陽系（地球は太陽に隷属し、一切の生命の根源を太陽に依存している）を主宰している神を事実上の宇宙神と名づけることができます。

（13）宇宙の万物は因果律の支配を受ける

各個人がそれぞれ異なった霊界の居住者、すなわちその人の守護霊の分霊であることから、地上に生を享けた時から、すでに発達の程度、欲求、その他すべてについて異なっています。地上の肉体を提供した両親と他界の魂の親の精神波動との共鳴感応によってこの世に生を享けたことを考えれば、各個人に与えられた環境や状況はすべて因果の理法に基づいています。それは（9）と共通した問題でもあります。

（14）宇宙の内部は一つの大連動装置を形成している

各個人にはそれぞれ守護の霊魂がついており、土地には土地の守護神が、国家には国家の主宰神が存在し、末端から中枢にいたるまで一貫した組織体を成しています。

(15) 物質も精神も共に波動の現れであり、そこに宇宙は大生命体としての存在となっている

アーサー・フィンドレー（1883〜1964）の「宇宙心」の説明によると、「精神の実体はエーテル振動である。それは宇宙の創造力であり、振動の速度が可塑性を生み出す。また、この精神の可塑性は私たちが思考と呼んでいるイメージ形成をもたらす。こうして宇宙心は常に表現を求めている。そして、すべての物体はこの思考実体を蔵している」といいます。

物理学者はすでに物質元素、さらに素粒子、クォークへと研究を進め、それがついに究極において、例えば人間の肉体と精神、すなわち物心が不可分の関係にある生命体であることを認識することとなりました。そこでこの世のすべての物質も精神も波動の現れであり、全宇宙は大生命体としての存在であることを知る必要があります。

アーサー・フィンドレー

第三章

人生・成功の秘訣

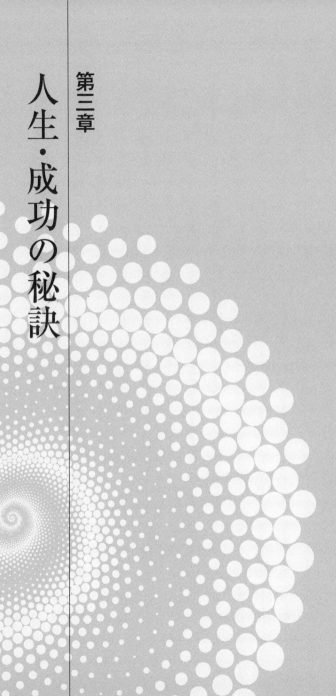

霊媒（者）になることが幸せか

若い人たちの中には心霊に関心を持つ人たちが少なからずいます。そして霊媒に憧れ、「自分もそういうことをやってみたい」、「霊媒はいいな」とうらやみ、あるいは「自分は心霊に興味を持っているから、何とかして霊媒になりたい」などと思っています。彼らは霊媒とは「占い師」や「魔術師」あるいは「現代版魔法使い」であるかのように、自分たちの願望を想いのまま実現できる優れた存在であると誤解しています。

たしかに、そのような誤解を受けるようなすばらしい能力を発揮することも可能ですが、冷静に考えると、彼らが特別の人というわけではなく、普通の人たちにも同様な能力が（生きていく上で）本来的に具わっていることを知るのです。

心霊に関心を持つ動機はさまざまで、単に「心霊現象が面白い」、「霊能者のように霊能を発揮したい」などの興味本位の人から、「真理探究のための心霊研究に意欲を燃やしている」人までさまざまですが、そのいずれであっても、深く突き詰めようとすると、必ず霊能発揮（霊能現象を生起させること、またはその行為）とか、その養成に関心が向いていくことになります。

その霊能の養成には、「精神統一」（単に「統一」とも言う）の実修が必要ですが、その前の基礎段階において、日頃からの「心身の浄化」と「意念の統制」、それを実行に移す本人の自主・自律の態度、慎重かつ細心の注意が求められます。しかし、霊能といってもすべて自分に都合の良い霊能ばかりというわけにはいきません。良い霊能、悪い霊能があり、後者にかかわると、それによって自分ばかりではなく他人の人生も不幸にする場合があるからです。

しかしながら、人間は広義の霊能によって生きています。各人が神（「造物主」）から賜った使命を果たすよう生かされています。しかも努力次第で、いくらでも正しい霊能を働かせることができるようになっているのです。

その正しい霊能を発揮するためには意念の統制が必要となりますが、いくら意念の統制をすればいいからと、あたかも念仏を唱えるように四六時中行じようとするとかえって一種のとらわれとなり、効果が現れません。

私たちに求められているのは、日頃からの自然な心、現在生きていることに対する感謝、その中で無心の心と言えるもの、常にその状態を保つということであり、言葉にすれば簡単ですが実践となると非常にむずかしい行となります。しかし、日頃から自然心であることを心がけていれば、そこにゆとりが生まれ、事に際し、時に当たり、自然に反省心が起こり、我のない心となり、道の選択を誤ることはありません。それが「心身の浄化」と「意念の統制」にかかわることであり、その努力が地上生活におけるすべてであり、生きる上でのすべてでもあります。

ところで修行の過程で、自分の欠点をなくそうとするあまり、かえってそれにとらわれてしまうことがあります。すると、なかなか抜け出すことができなくなります。そうした状態に陥った時は欠点をそのままにして、ひたすら他人への奉仕、没我的精神の維持を目的として実践することで、精神統一がいつの間にか前進することになります。

しかし、それだけで良い霊が働くというわけにはいきません。さらに「世のために」という信念を持って訓練を積み重ねていくことが必要です。それは自力による訓練を前提として、その上に他力的精神統一（指導者のもとで行う精神統一）を行うことによって初めて向上するものです。そこで、まず自らを知り、自らを鍛えていくという心がけが重要です。

冒頭に述べた通り、今日、霊的現象に興味を持つ人々が多くなっていますが、まず自分自身が霊魂であることを理解することが大切です。

人類には、いろいろな進化の過程において神から使命が与えられてきました。その霊魂は孤立したものではなく（自然霊といって孤立したものもあるが）、ある期間、生が与えられ、地上の進化のために必要なものを作ろうとされました。それがその霊の物質化したところの人間というわけです。

そこに霊媒という存在があるということは、その霊魂の存在を立証するために必要であり、そこに彼または彼女の第一の使命があります。第二の使命としては、霊魂の存在の立証とともに、霊の世界（広義の「霊界」）があることを示すことです。そして第三には、その霊界と人間界の間に立って、双方の交流を図る機械としての役割です。この「機械」と表現するところに意味があります。

言い換えれば、「人間は霊魂であること」、「霊界は存在すること」、そして同時に「他界との交信が可能なこと」、それらを立証させることが本来の霊媒の使命であり、役目というわけです。

ところで、日本の霊媒に対して「あなたは道具であり、機械ですよ」というと、おそらく彼らの多くは怒ることでしょう。彼らの大方の返事は「冗談ではありませんよ。私にはこのように丁寧に祀られている神、仏がついているのですよ。そういう私に向かって、『機械』呼ばわりするとはとんでもない侮辱です」というものであろうと思います。しかし実際のところ、霊媒とは「道具」であり、「機械」としての役割を果たすものです。

さて、霊の行為は低級なものから高級なものまであります。広義の霊界、すなわち霊の世界は低い世界から「幽界」、「（狭義の）霊界」、「亜神界」、そして最高級の「神界」から構成されていて、特に私たちの正しい相談相手になるのは、幽界に所属するような低級霊が働いているものではなく、少なくとも霊界以上の霊の働きによらなければなりません。

低級な霊の働きとして、例えばむずかしい問題はなかなか当たらないが、日常的な事柄や賭け事の予想などとなるとたまに当たる場合があります。それでも信じたいと思っている人間にとっては「当たった」という気持ちにさせられてしまうのです。そうした場合には、霊媒の背後に低級霊が働いているわけで、威張り屋の生意気な、聞かれたことはどんなことでも自信ありげにいろいろとでたらめなことを平気で言わせるような霊なのです。

そこで、霊媒本人の方を見てみると、霊と同様に本人自身もいい加減な人間です。それは霊視によって見れば本人の心と同じ程度の霊魂が働いていることが一目瞭然ですが、霊視に頼らなくても彼自身の日頃の行いや生活態度から大体察知することができるものです。

それに対して、狭義の霊界以上に居住する高級な霊が背後についている優秀霊媒においては、身につけている知識は当然、学問的なものに基づいています。そうした霊媒では、間違いなくあるいはほぼ100％近く予想を当てることができます。100％を満たさない間違いの部分は、仲介者である霊媒が肉体を持った人間である以上、心の変化や動揺によって、すなわち感情的な気持ちが前面に出てきた場合に発生するということです。

心霊科学では、そのような状態を見極めることや、正しい道を開くために「審神者」という存在の必要性を強調しています。

例えば、審神者の介在がないと霊媒は彼の背後霊の働き次第で何をしてしまうか分かりません。低級霊が働くと、その相談者の不幸までを幸福というかもしれません。したがって、審神者抜きの霊媒は危険であるということを常に私たちは主張しており、「審神者のいるところ必ず霊媒あり、霊媒のいるところ必ず審神者あり」と表現し、審神者と霊媒とが両者一体の必要性を説いているわけです。

ヒアワード・カーリントン

そのように霊媒だけでは不完全なものであるという証言として、アメリカの**ヒアワード・カーリントン**（1881〜1959）は、「100人中10人ならいいが、10人には満たない」としており、別の研究者も5〜10人くらいであろうと記しています。また、アーネスト・オーテンは「いわゆる霊媒の75％は自己欺瞞の催眠術で、不幸にも2、3の場合は手の込んだ詐欺の性質を有するものである。さらに残りの25％は2種類に分けられ、20％分は部分的証拠となりうるもの、そして5％が霊魂の生存継続（死後個性の存続）の証拠を提供できるもので、しかも絶対的に信頼に足るものである」と述べています。

そのように、立派な霊媒はそう輩出するものではないのです。これは私たちの多くが心身の浄化や意念の統制の不完全者であるということを意味しています。それほどに、私たちは唯物的な生活に浸り、唯物的な観念を自分たちの観念として植え付けられているのですが、それは物質万能という風潮の世の中であることからやむをえないとも言えます。

近年、科学技術の方面の進歩によって、例えば霊界とつなぐ音声や映像の研究が成果を上げつつあることで、人工の霊媒機の製作も完成に近づきつつあり、生きた人間の霊媒機械に必要以上の依存をすることもなくなる日も近いのです。

精神統一の必要性

さて、私たちは物質主義の時代に生まれてはいますが、一方において一能をもたされています。その一能とは必ずしも霊媒として特殊な能力を発揮することではなく、別の面で皆さんにももちろん例外なく霊能力が具わっています。そこで自分に与えられた霊能力と各人が使命を達成するために、すなわち「守護霊への道」を拓くために、日頃から精神統一の基礎となる「心身の浄化」と「意念の統制」に真剣に取り組む必要があります。

精神統一は精神を統一するということから、読者諸氏も少なくとも悪いことではなかろうと思われるでしょう。そこで一体、何のために精神統一が必要なのかということから述べてみましょう。

言うまでもなく、精神統一は霊能発揮に必須であり、霊媒になる一つの手続きでもありますが、それだけの意味にとらえることは必ずしも正しくありません。

ここで注意しておきたいことは、霊視、霊聴などの霊能発揮をする人であるからといって、人間としてあるいは霊媒として優れているとは限らないということです。霊能現象を起こさせるには善い霊と悪い霊のいずれでも可能だからです。例えば、悪い霊の働きによる霊能発揮で有頂天となり、うぬぼれた結果、金鉱や埋蔵された財宝などの在処を透視し、欲を抑えきれず、最後に大きな失敗や不幸に追い込まれた霊媒たちも多いのです。

そこまでにならなくとも、一つや二つの善いことが続いたからという理由で有頂天になってはいけません。霊的なものは、その時の心持ち、すなわち心の波長によって変化するため、優秀とされる霊媒でさえ注意が必要です。

この「精神統一」とは「意念の統制」とも言い換えることができ、それは「坐禅」や「静座」、「神仏の前で祈願する」ものもこの範疇に入り、日本古来の神道における「鎮魂・帰神」がそれに相当します。

そのために私たちは、自分自身が当面する仕事などに適切な対応がとれるような霊感を養うことが必要で、その霊能を発揮するためには自己の性格を直すことから始まりますが、それは背後霊との関係があり、まず悪邪霊の関与を断つ必要があります。

それは理論的には自力統一によっても可能とされますが、これは高徳な人であればともかく、普通人にあっては自惚れ等感情的要素の影響が邪魔をしてなかなか進歩しません。そこで良き指導者を得て、他力的に整理することが必要となります。

また、その指導者の選択についても、彼の背後霊の影響が現れることから、現在の状況や言動によって判断しなければなりません。指導者が病気がちであったり、事故や盗難などに遭っている人であれば、その資格はないと考えていいでしょう。

正しい指導者とは真理探求心が旺盛で、心霊知識を持った人格者であるべきで、例えば霊魂の証明に当たり、その科学的実験に対して霊媒の方も啓発され、その奮起努力の結果、常に守護霊団の支援を受け、すばらしい結果が得られることにもなります。しかしながら現実には、指導者の手を離れると次第に霊能力が低下した有名霊媒も多く知られ、優秀な霊能を発揮し続けるためには、正しい指導者とともに、自らの意念の統制に努め、守護霊団との交流を保つことが大切です。

このように、私たちは正しい指導者をどこまでも信頼して実修しなければ霊能発揮できるまでには至りません。指導者への疑惑の気持ちは未発達霊の働きであり、それは本人が呼び寄せています。その感応が疑惑の気持ちを起こさせているわけです。しかしながら、指導者を盲目的に信じることも正しくないのです。そこで指導者の行動をよく観察し、話を真剣に聴き、疑わしい点については納得のいくまで質問し、正しい理解を積み重ねるよう努力すべきです。

指導者が霊媒である場合、大きな危険性があります。それは彼が実修者たちの背後の霊魂について指摘することが多いからです。こうした指摘は一般に魅力を感じさせるものですが、そこには大きな問題があります。すなわち霊媒に働いている霊魂が悪邪霊であれば、背後を見誤る可能性が高く、それを信じていると結果は悪いものになります。また善い霊が働いていたとしても、霊媒のその時々の心の変化で、必ずしも善い霊だけが働いているとは限りません。さらに、背後霊の指摘は、統一実修者の関心をそのことに縛りつけることになり、ともすると自力的な努力をないがしろにさせ、その結果、精神統一の本筋から離れたものとなりやすいからです。

さて、精神統一をしようとしても、精神が集中できないとか、どうも自分にはできないという状態が起こることがあります。例えば、ぜひ統一しようとしてもその気持ちになれない、ある思想がまとまらない、良い考えが浮かんでこないなど、とにかく心が乱れ、あるいは心がバラバラになるというような状態になります。しかしそこをあえて統一させようというところに意味があります。このような場合の精神統一には心得あるいは条件というものがありますが、それはすべて霊魂側との関係ということであり、実修を進める中で指導を受けることが大切です。

統一後の翌朝は、実に心身爽快になります。何か生まれ変わったような状態になります。そうした実感や体験を経て、それを励みとして実修を積み重ね、なお心身の浄化、意念の統制が不可欠なものであると理解し、向上・進歩していくことになります。

心、精神、意念

ところで私たちは、いわゆる「こころ」について「心」、「精神」、「意念」という言葉で使い分けています。厳密にはそれぞれ意味が異なるからですが、とりあえず同義のものとしてお考えになられてもよいでしょう。しかし、話を進める都合でその違いを簡単に記しておきましょう。

「心」とは、無統制で結局乱れるということがあるように、〝てんでんばらばら〟の心が常態下になっており、むしろ「生命」そのものとも言えます。

それを別の観点から見てみると、ここに一人の人間がいるとします。その人間は心で生きています。心で肉体を動かしています。肉体あっての心ではなく、心あっての肉体であり、その心の働きによって肉体が動かされています。

霊界側から見ると、地上界の人間は「霊の物質化である」ということです。心霊現象の中に物質化現象があることはご存知の人も多いと思います。宇宙自身も霊である。そしてさまざまな霊魂によって導かれています。霊とは心であり、当然、宇宙には心があります。宇宙の心は、結局はこの宇宙を進化させようとして、まず人間を考えてくれ、生物を考えてくれたのです。

造物主はそのような方法によって、宇宙を進化させることを目指しました。

今日の科学においては、山や川は物質と呼ばれ、それらには心はないと考えています。ところが、山や川にも心があるのです。地球に心があるのですから。すべて生き物なのです。地球には心があるからこそ、それが保たれ、その心に人間の担当となる方（造物主）が人間をつくる必要があるという判断で、物質を応用して人間という形のものをつくりました。したがって、人間とは霊の物質化なのです。

私たちは生きています。心が働いています。この生命を与えられているということ。この生命の根幹を成しているもの、生命そのもの、それを私たちは霊魂によって与えられています。ですから、生まれた時から霊魂と一緒です。そしてその行動がその人の行動となり、霊魂の心が各人の心になります。すなわち、「生命即霊魂」ということです。

「精神」となると、もはや人間の心が一つにまとまり、ある思想的なものができている場合で、一定した思想的なものとしてまとまりがついています。心の働きが一歩進んでいるということになるのです。そしてその心から、その外部に発散される働きの現れの一つ一つを「意念」と呼ぶことにしています。

正しい精神統一の恩恵

精神統一によっていろいろな面で恩恵がもたらされます。本来であれば、それは多少の恩恵では済みません。そこで一番関心が持たれていることは、健康面の改善についてです。

精神統一の成果が明らかに現れたと実感できるのは、「何かこれまでの自分とは違う」という、自分自身の変化に気づかされることです。例えば、独創的な能力や才能がおおいに進展します。その変化によって、毎日の努力を重ね、仕事の能率が上がり、その結果「コツ」というものを習得します。

それを霊的な面から分析してみると、各人には幾体かの霊（その数もいろいろです）が、大体において2体以上の霊魂が働いています。その働いている霊たちとは、すべて善い霊であるかというと、大部分はそれとは反対の悪霊的な霊たちであることが分かってきます。それについても詮索の必要がありますが、そうした例が多いわけです。

統一はそのような悪邪霊を悟らせ、時には除霊によって整理する作業が中心となります。指導者は、良い意味で、すなわちその人のプラスになる方向で整理してくれるわけで、その結果、健康や暮らしの面で大きな変化が現れることになります。

その変化は心の持ち方に反映し、分かりやすい例では、芸の道、芸術とか芸能方面で大きな進展が認められます。

それに対して、商売とか、人を使うという場合には多少違うむずかしい点が加わっています。それは自分の意思で正しいことをやろうとしていて、しかもそれに対する大きな熱意や信念があるとしても、協力者である人たちと構成している組織体、それは一家と同様のことですが、自分以外のいろいろな人たちの働きが関係して総合的な結果が出る、あるいは効果が出るわけで、それを単純に理解するわけにはいかなくなります。

後者の場合、うまく行かないからといって、その「効率」を求めて、自分の霊魂一つが働くだけで済むような仕事に変えたとしても、それは容易には解決できません。その理由は各人にはそれぞれの使命があるからです。その使命とは、自分で「これが使命である」とか、あるいは「これは天職に違いない」とか簡単に判断できるものではありません。自分たちの使命は、造物主（神）が与えてくれたものを指しているわけで、自分の思っていることと、使命が合致している場合と、思い込みだけの場合があるからです。

そこで、自分の使命を知るためには、守護霊が一番よく知っているのですから、守護霊に聞けばよいわけで、そのために精神統一を行うと、その実修の過程で使命が明らかになってきます。すなわち、統一によって自分の使命を知ることも一つの恩恵となっています。と同時に、仕事の実が上がるということにもなります。したがって、若いうちから統一をすることが望ましいわけです。

その他にいろいろな大きな変化が起こります。例えば、サラリーマンには現在の地位に変化が現れます。その結果、人を使っている場合には、その中の悪い人は自然に淘汰され、自分の使命達成のために相反するような人は自然に辞めてしまうとか、あるいは彼らの中にある変化が起きて、今までとは違って協力的となります。

それは職場だけではなく、事業は進展し、それと同時に繁栄の道が開かれ、何事にも自然と秩序だっていくことになります。家の場合は一家の秩序が整い、一家の健康にまで好影響が及ぶことになります。

そのような好結果を得るためには、統一を実修している人の意念の統制下の熱意や信念が大きく影響します。その場合、おのずから食生活への配慮など健康増進に向けての状況改善もあり、慢性的な病気もなくなってしまいます。特に、健康に関しては比較的早期に変化が認められます。それも統一により、背後の善い霊、すなわち守護霊的なもの、あるいは受け持ちの霊が働きやすくなるからです。

守護霊的なものとは、私たちの背後の思春期の時代から守護霊がつけてくれる支配霊のことです。支配霊の役割は、商売や事業を成功に導くように補助してくれる霊です。会社の組織ならば、支配人のような存在です。社長に相当するのが守護霊であり、そのもとで特に現実的な面で仕事をしている支配人に相当します。

その場合一体の支配霊だけの力だけでは及ばないとなると、支配人の補助員として、普通の社員などを起用して仕事の補助をさせるなど、手伝いをさせ、存在をつけてくれます。それを補助霊と呼んでいます。私たちはそれらの霊を総称して、「守護霊団」と呼んでいるのです。

右に述べた健康について、もし実修を行っているにもかかわらず病気になったということであれば、容易ならざる状況にあることと理解しなければなりません。それは正しくない統一実修をしていたことになるからです。

すなわち、現在実修している統一に対して自分がどういう態度で臨んでいたかということで、何か必ず反省を促す事態に立ち至っていることを示しています。それは一概にその人を責めているわけではなく、統一が複雑な過程にあり、複雑な要素を持っていることから、実修者自身がそれに気づかなかった、あるいは配慮が欠けていたということで、その時点で問題点を発見したことになるわけです。そこで「何か条件が欠けていたためにそうなった」ということから反省して、軌道修正すれば済むことです。

ところが、指導者の側としてはいつも背後の整理をしていながら、実修者が自身の意思で悪邪霊（未発達霊）を働かせたという事態に立ち至っている時には非常に困るわけです。そういうことから、実修者はよほどの覚悟が必要で、統一に関する資料を仔細に見て、自分がなすべきことを明確に意識し、その上で一歩一歩地道に準備を整えることが必要です。

それらの問題は、統一をすでに始めている人たちの中にも案外生じやすく、「統一をやるようになったから、安心だ」、「このまま統一をしていればよい」というような安易な気持ちが生じやすいため、常に初心を忘れないよう反省が必要となります。

反省が足りない人は、自分の身辺にちょっとしたことでも都合がよいことが起こると、それを守護霊の働きに結びつけて考えるところまではよいとしても、「守護霊が働きかけたからだ。統一のおかげだな」と考えずに、「統一したための当然の結論だ。ようやく守護霊が働きかけたか。ああ、そうなんだろうな」と思ってしまうのです。ところが翌日、失敗したとなると、びっくりして、「どうしたことかな。昨日は守護霊が働いたが、今日は未発達霊が働いた。全く、守護霊は悪霊にたぶらかされたのではないだろうか」などと落胆します。

そこで翌日に、「これでは自分も反省しなければならないな」と気持ちを持ち直していると、また良いことが起きます。「ああ、やはりあの反省をしたから守護霊が働きかけてきたかな」と思います。そうした考えを繰り返している人たちが多いのです。

統一とはそのようなものであってはならないのです。統一によって自らを完成したならば、その後はなお一層しっかりした気持ちで意念の統制を強く意識しなければなりません。さらに勇気を出すことが大切なのです。

そのように統一は修行ではありますが、一つの訓練であるということができます。それは統一を完成すべきものであるということではなく、訓練をするという行為を持続することの方が、「人生の道」を進むにあたって、私たちの三度のご飯と同じものであり、そうして死ぬまで、そしてそれ以後も続けていくものなのです。

世間には、霊能開発ということで、「何カ月で卒業」、「何週間で云々」と宣伝しているところがありますが、それは非常な危険をはらんでいることを知るべきです。

たしかに誰でも霊能を得たいと思えば可能です。例えば、荒れたお稲荷さんのお堂を立てる、あるいは鳥居を寄進するなどで復興させて拝むと、眷属《けんぞく》の霊魂（狐霊）が喜び、本人に働きかけ、霊能を発揮させることも多いのです。また、断食、滝行、宗教の行法を熱心に修するなどにより、いわゆる低級霊を中心として感応し、霊能をよく発揮させてくれます。しかし最後には、その霊能により身の破滅にまで追い込まれることになった事例も多いのです。

私たちの信じる精神統一は一生続けることです。そして克己心に基づいて行じていると、何かしら自然と新しい考えが浮かんできます。それは独創心、オリジナリティ、良いアイディアなど他の人が思いもよらない直感力やインスピレーションによって新しい考えとして浮かんできます。それは守護霊団と結びつくことがその優秀さを発揮することになるという証明でもあります。

私たちの人生と使命

ここで私たちの人生の役割と使命について考えてみたいと思います。それについて英国の著名な霊癒家**モーリス・H・テスター**は、画家と批評家の立場を例にとって以下の通り分かりやすく解説しています。(「あなたの人生をキャンバスへ」スピリチュアリスト68:7～8、2008)

画家と批評家の間に存する基本的な相違は先見能力にある。

批評家は絵画を見て、原風景を思い浮かべようとする。そして画家の、その光景の捉え方とキャンバスの上に写しとろうとしていた技法を評価する。

しかし、画家は心象を汲んでいるのである。彼の心眼にはそれが映っている。自らの技法は単なる既存のものを記録する手段でしかないのだ。

それであるからといって、完成した絵画を予想できない人の方が……その技術をもたない人のことであるが……かえって高い鑑賞能力を保持しているかもしれない。

人間の一生は一幅の絵画である。あなたの身の上に起こったことのすべては別々の線で画かれている。そして、失敗が教える教訓も別の色合いを添えている。

あなたが行った奉仕、あなたが広めた仕合わせ、笑い声、愛、同情、理解には、すべてそこに金色、銀色、そして白色として色づけされている。

不寛容、どん欲、肉欲、大食、嫉妬、悪意も緑色、灰色、そして黒色として表現されている。

あなたの絵の一部はすでにあなたの反応や顔つきなどの様子を示しているのだ。20歳の時には神があなたへ与えていた通りの顔を持っていたが、40歳になると、あなた自身がつくった顔を有していることを。

絵が完成した時、画家は過去をふりかえってその労作を鑑定する。この絵画は彼の一生を画いた、すなわち、自分の存在を示している作品であるのだ。

やがて彼は、私たちの世界から外へと踏み出す。彼は画家の仕事着である着古した肉体を脱ぎ捨てる。彼は長い時間をかけ、自分が完成したものをくまなく検査する。ガイドたちは彼を歓迎する。彼らは批評家である。そして、彼の人生である絵画を熟視する。だが彼は彼らの批評をできる限り受け入れようとはしない。それは自分だけがどれだけ上手く画くことができたかを知っているからである。

いずれはこうしたことがあなたの身にも生じることであろう。あなたが地上で一生を終えた時、肉体は捨てられる。この世を離れるのである。

しかし、あなたが霊的進化を継続する前に、この評価の時を迎えることになる。それは避ける事ができないのだ。

この世のあなたの一生は、行動の一つ一つ、筆遣いの一筆ずつについて批評されることであろう。それは広いキャンバスの上で、しかも最大漏らさず調査されるのである。

あなたは地上の肉体を脱ぎ去る時、自分が使用してきた衣装やメークアップや小道具も放棄するのである。

あなたの実在、昇華した本質、スピリチュアルな部分が明らかとなる。そしてあなたは地上時代の役割や偏見、無知や近視眼から解き放たれる。

そこで、あなたはその全貌を見ることができる……絵だけではなく、額縁も。さらに筆遣いのみではなく、動機づけをも見ることができる。さらに色合いだけではなく、形状も見ることになるのだ。

その画家たちも、自分の作品を最終的に真実の眼で見る作業を行っているものの、あらゆる機会をとらえては、自分がその進行の途上で行っていたことを評価している。

アトリエにいる彼の様子を見守ってみよう。彼は立ち止まり、数歩あとずさりをして、頭を傾けている。

突然、彼は仕事を済ませると、パレットを洗い、筆を片付け、数日間そのままにしている。彼が再び筆をとる時、その眼ははつらつとしてインスピレーションは復活する。

あなたはまた、進歩した自分の人生の作品を査定し、整え、修正することができる。

それが完成するまで、待とうではないか。数歩下がってみよう。そしてあなたが創造しているものに時間をかけて批評しながら見てみるとよかろう。

一生を懸けた仕事を成功へ導く必須の要素は、これまで多くの哲学者や宗教的指導者によって明らかにされてきた。

それらは、利他的、奉仕、愛、同情、真理の霊的評価、鋭い眼識、正義、人間の魂の再生というものである。

芸術界では、人は批評家のままでいるかもしれない。彼は絵を画く必要がなく、そのうえ権威者となるかもしれない。

しかし、私たちの知っている世界では、こうしたことはありえないのだ。私たち一人ひとりが自分の人生の絵という作品を作り出している。そしてあなたも現在は創造に従事し、後に批評する。

あなたは、批評の基本が何であるかを知っている。知らないことといえば、絵が完成した時のことである。

あなたのこの世の一生は明日で終わりとなるかもしれない。あるいはさらに数十年の猶予があるかもしれない。それ故、自分の作品がいかなる時にでも検閲に耐えられることを想定して進まなければならない。

あなたには作品を完成させ、あるいは修正を加える機会がないかもしれない。それにもかかわらずあなたは次元の世界（霊界）へ移行する時、愛情を持ってこの世における自分の人生をふりかえることができるであろうか。

「この世界は現在自分にとってよい場所である」と言えるであろうか。あなたは、自分が画いた広いキャンバスを愛情こめて熟視し、自分のベストを尽くしたのだと感じるであろうか。

おそらくは、それ以上のことはできないと自覚すれば、自分の画いたまずい画に自責の念を感じることであろう。そこであなたは次のように言うことであろう。「もう少し長く居させてください。キャンバスをきれいに削りとり、改めて画かせてくれませんか。今度はもっと良い絵が画けると思います」と。

しかし、キャンバスは乾き、パレットは洗われ、筆は片付けられ、顔料がまだらについた使い古しの仕事着はすでに捨てられてしまっている。そのようになっているのだ。

私たちのうちのごく少数の人たちしか傑作を画くことができないのである。しかし、私たちはまだ材料を持っていることから、これから最良の健全な作品を作り出すことができる可能性がある。あなたの人生の作品はこの試験に持ちこたえられるであろうか。

幸福への道の選択

正しい人間観に基づき、間違った人間像や誤った唯物的人間観、世界観を根本から覆して、真に正しい人間観、世界観に安住の地を示してくれたのが心霊研究から出発したスピリチュアリズムです。ことにわが国においては、この心霊科学に基づき、人生のすべての原理を探求しつつ、最終的にその思想体系を樹立したことによって、日本スピリチュアリズム（「日本神霊主義」）は生まれました。それは、「人生の指導原理」と呼ぶにふさわしいものです。

ただ単に、心霊を認め、神霊を認め、霊魂を認め、それを独断によって認め、根拠として主張することでだけで「日本スピリチュアリズム」とは言えません。「霊魂を認めるに至った」その経緯を理解することが必要です。それにはあくまでも、科学的態度で研究され結論されたものでなくてはなりません。

人間として絶対に「人生」を意義あるものとするという人格完成が対象とならなくてはなりません。これによって真理への道、進歩向上への道、幸福への道を選択できるはずです。「幸福への道」とは、他を排することなく、闘争などをなくし、自ら立つと同時に、他者の自立を認めることが生存の意義に徹することにつながることです。そのためには、怨恨、憎悪、報復などの意念の不統制の心の働きを抑え、互助、相愛、共栄の徳を積む心の働きを生かす必要があります。そして意念を統制した生活を楽しみ、生存すること、物欲に恋々とする心を捨てて、謙虚な奉仕に専念することです。

これは自らの「我」を捨てた犠牲的「行」とも言えるものです。単なる刹那的な愉悦にふけるのをやめて、永遠の歓喜に浸ることです。それが「幸福への道」であり、その帰するところは、「永遠への生命を生かす」ことでもあるのです。

私たちは「幸せ」に暮らすことを希望しています。では、どういう「幸せ」があるのか。それは各人によっていろいろと回答が出されるでしょう。

しかし、それが社会的な成功、例えば、出世であったり名誉を得ることで、その目的を達成したとしても、家庭内の不和や晩年の不幸があれば、真の幸福を手に入れたことにはなりません。

結局は、①生きているかぎり健康を維持し続けていられること、すなわち病気とは無縁であること、②自分や家族の悩み事がない、あるいは無くなるということ、③実生活における経済的などの悩みや苦労がないこと、が基本としてなければなりません。

私たちは中流以上の生活が本来、保証されているのです。幸福の条件とは、病気もなく、悩みもなく、衣食住を心配せず暮らしていけるということです。すなわち、日常の暮らしにおいて災いのないということです。一見表面的な「幸せ」と思われるかもしれませんが、結局そこに到達することになります。

本当の幸せを握るには、学問の上で裏付けられた幸せを握らなければなりません。それはスピリチュアリズムの教えに従った生活をすること、そしてその条件を満足させることによって得られるのです。

背後霊の働き

個性、人格をつくっているもろもろの霊魂の中で、守護霊や守護霊団と呼ばれているものがあり、それらには先天的に関係している守護霊と後天的についた霊魂たちから構成されています。すなわち守護霊は先天的に私たちを守護指導してくださり、それ以外に守護霊団を構成している霊魂たちは後天的に働いてくれているのです。その他、因縁霊、邪悪あるいは未発達と呼ばれる好ましくない霊魂たちも含めて、やはり後天的に背後で働いています。それらをすべて包括して、背後霊団と呼んでいます。

後天的とはどういうことでしょうか。それは他人から後天的にもたらされたのではなく、自らの心の働きから、そして自らの意欲からそれらの霊魂を呼んだ結果です。しかし、一般に自分の都合が悪いことに対しては他人へなすりつけ、自らの心がけによって、病気になるような身体にしておきながら、身に降りかかった好ましくないこと、悪いことはみな他人や物に責任転嫁をしてしまう。

「この人が悪い」、「この薬が悪い」……。あげくの果てに、独身の方であれば「親が悪いから結婚できない」とか、また、親の方もその通りであろうと思ってしまう。そうした考え方はもちろん正しくないのです。

霊的な方面からの研究によると、人間は15～16歳頃からもう自力的に活動できるようになっています。その年代になると守護霊がどんどん働き、個性的なものがすでに出来上がっています。悪いものはどんどん悪く働き、一方、善いものも善く働いていきます。子どもは本来、親や本人の守護霊の働きに支えられて他力的に発達していきます。

親は育児とか、成長などを見守る中で客観的なものを見ます。子どもを育て、教える中で他力的に影響を与えることができるのです。子どもを訓練する時、可哀想と考え、十分にやらせないようなことが続くと、そこにわがままやうぬぼれの心を植えつけることになります。そこで子どもには何事も頼らせないことが大切です。無理なことであれば、素直な人ならそれなりに正しい勘が働き、容易に判断できるはずです。ただ欲のある人にはそれが分からないのです。

そのように、親の心は子どもにも及び、その確信は子どもの確信となる。それは赤ん坊にすら及びます。夫婦間の諍《いさか》いがあれば物事に失敗する。夫婦、祖父母、いろいろな関係、それらすべてが子どもたちに影響する。それは背後において霊が働いているからであり、結局は心の問題というところへ行き着くのです。

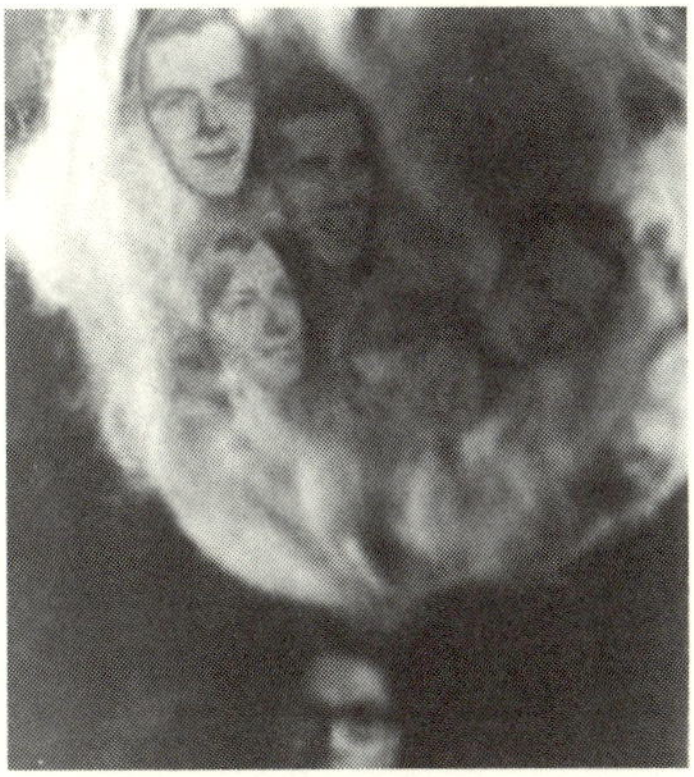

背後霊
（シルヴァーベル・キャンプにおいて、
レイリー氏撮影）

一般に、善い、悪いという葛藤状態にあるというのは、迷っているということで、「どうしても変だ」、「千々にこころが乱れた」ということになる。これを解決しないと悪い方向に進みます。悪というのは、この地上ではどうしても助長されがちです。

それを神の配慮の一つであると考えることは正しくありません。私たちの世界には社会組織があり、その社会教育の悪さから影響を受けるからです。特に唯物教育が問題です。そこには神に対する考え方が不在だからです。英知が働いていれば必ず、精神的なものと物質的なものとを併行させて考えることができるはずなのです。

英知に欠けた教育がなされているところに問題があります。それは人間の発達過程における一つの過程であると言えばその通りですが、そこに時代というものが形づくられてきます。それは神の御心に起因するものではないのですが、人類が進化、あるいは人類が幸福への道をたどる段階ということと考えればよいでしょう。

さて、人々は種々の試練に直面し、その多くが苦難と言えるものです。それに対して脇長生は次のように解説しています。

古代霊・シルヴァー・バーチは、「困難とか苦痛とか、どうにもできないところの悩みは、あなたの幸福のための悩みである。不健康はまた健康への過程である。難そのものは永久に続くことはない。難に反省を与える時、それによって初めて幸せの目的達成に近づく」と説いている。

黒住教の教えの中に、「難、有り難し」というのがあるが、この一句からもシルヴァー・バーチの通信の一節が理解されると思う。難を喜ぶ。しかし、難を喜ぶのではなく、難に感謝することが正しい。それらの試練を通して地上における向上の道、進化の過程を進む。私たちは難に対する意義を発見し、「これで幸せの方向に進むのだ」、「これで成功するのだ」、「この失敗が本当の成功への道を教えてくれているのだ」と理解する必要がある。これを考え違いして、「難があっても平気だぞ」、「難に対処するぞ」という気持ちにおいては難を難として受容し、負け惜しみ、あるいはそうした心境に通じてしまう。「我」が働いているのである。そこ

シルヴァー・バーチ

で「難、有り難し」ということで、私たちは苦難を忌避するものではなく、おおいに味わう余裕が気持ちとして欲しいというわけである。

シルヴァー・バーチ
「サイキック・ニュース」「ツー・ワールズ」の編集者を務めるなど、心霊研究の発展に尽くしたモーリス・バーバネル（1902〜1981）のコントロールで、アメリカ原住民の霊魂の名前。高級霊界からの指導者とされる。彼に関する書物が数多く出版されている。

病気についても同様に健康への道を示しています。それに関して、脇は自身が医学的に厳密に癌と診断を下された幾人もの患者を治した経験について話し、その対応法を教えたことがあります。

「癌に対抗するためには、たとえ癌と宣告されたところで、『自分の心身の不調和からある毒素が働いて癌細胞に変化させてしまった。なんだ、これは。この細胞をこわすことをやればいいのだから、こういうものを食べていたならば大丈夫だろう』という心がけと食事への配慮、そして意念を統制し、人間は必ずや健康で過ごせるはずであると信じ、心の奥で感謝をしておれば、そんなものは治ってしまう。実際1週間もしたら、診断した医師も誤診かと疑うほどに完治させてしまった事例を少なからず経験しているし、これはまれなことではない。結核については自分自身も治した経験がある。結局は心身相関というものにかかっているのである」

それに対して、スピリチュアリズムの常識をわきまえていない人は全く信じられないでしょうが、最近の医学の解明によって次のようなことが明らかになりました。

人間の身体では1日に約1兆個の細胞が生まれ変わりを行っています。しかしそのうちの約5000個が癌化するなど、いわゆるできそこないの細胞が含まれています。肉体が生存を続けるためには、これらの細胞を駆逐する必要があるのですが、同じく身体に存在しているナチュラルキラー細胞がその役割を担ってくれています。したがって、ナチュラルキラー細胞の働きいかんによって、癌患者になるか否かが決まってくるというのです。

また、笑うという行動がナチュラルキラー細胞を増加させることで、一部の病院では「笑い」を臨床に応用して病気治療に役立てていることが一般にも徐々に知られるようになってきました。人間には複雑ではあるがすばらしい治癒機構を具えていることが分かり、さらに将来的にはまだまだ新しい治癒機構が解明される可能性があるのです。

このように、風邪のような軽症なものから重症の病気まで何でも快癒にかかわっているのです。そこには感謝の気持ちが特に大切であることを私たちは注目しています。その気持ちを持ち続け、いっそう心からの感謝へと高めていきます。しかし、それができずに不平不満を持ち続け、それに「我」が強く加わって自分の考えを押し通そうとすると、結局は良い結果が得られません。そのような人は、自分がいかに頑固であるか、いかに理解力が不足しているか、いかに自分は物質的な考えにとらわれているか、おおいに反省すべきです。

それは仕事における疲労にも通じます。仕事が無理であるということより、仕事に対して感謝が足りないのです。仕事を何か唯物的な、他の方向へと眼を向けています。あるいは世間的な名誉や地位にこだわっている、あるいは自分の能力が不足しているのに我慢をしている、あるいはそれをやり遂げなければ認められないので我慢してやっている……。

その疲れには、心の問題と肉体の問題がもちろん存在します。疲れることも病気と同様、心身の違和に由来します。どのような仕事に対しても感謝の心を失わず、「これが自分の務めだ」、「奉仕するのだ」という気持ちを持ち続けていると、決して疲れることはありません。すなわち、心と肉体が一致することが大切なのです。心に問題がなければ、食生活について気をつける必要があります。

このように、何事にも、そしていかなる事態に直面しても、自分たちが使命の達成を目指しているかぎり、それを応援してくれている守護霊、守護霊団が働き、それらの問題は解決されることを明らかにしておきたいと思います。

この世とあの世の修行の違いについて

地上で修行する意味は、効率的なのかどうかという疑問をもたれる方がいるかと思う。それに対して、クロード霊の霊界通信ではこの世とあの世の修行の違いについて言及しています。

（「神性の火花」スピリチュアリスト41：8〜10、2002）

クロード霊について

クロード（Claude H Kelway=Bamber）は、1915年11月11日、英国空軍パイロットとして戦地に赴き、現在のベルギー北西部の上空でドイツ軍戦闘機と交戦し、死亡した。当時20歳であった。翌年の2月29日、彼の母がロンドン・スピリチュアリスト連合 London Spiritualist Allianceで開催された交霊会に出席した時、クロードが出現したことを霊媒ブリトゥン夫人（1880〜1969）が確認している。以後、一連の交霊会で、レナード夫人（1882〜1968）のコントロール「フィーダ」を通じて送られた霊界通信の記録を母が編集し、第一集が1919年、第二集が1920年に出版され、広く愛読された。

多くの人たちが抱いている疑問に、スピリット（霊）は霊界にいても向上できるのに、今さらなぜ地上へ戻ってくる必要があるのだろうかというものがある。

全体的に見ると、次のようなことが言える。すなわち、物質界との接触を保つことによって進歩向上を図らねばならないという理由は、スピリット側にではなく、人格の側にあるからである。

霊の世界では人間は霊的に向上するが、人格を発達させることはできない。地上での修行はこのために必要なのである。それはスピリットが肉体の感覚器官を通じて人格を発達させるからで、正しくそれを用いて、それらの感覚の誘惑に打ち克つことで、ついには自制心を養うことができるからである。

例えば、キリストは私たちの前に示されたお手本として理想的なものであるが、それでも人々は、彼を手本にして人格を磨こうとはせずに、崇《あが》めの対象としてしまっている。

人格はスピリットと肉体、そしてその結合の結果であり、決して失われることはない。なぜなら私たちは霊の世界に存在する自分自身でもあるからである。

もし一人のスピリットが、そこでのほんの短期間（例えば、わずか数カ月から数週間くらい）の生活を経て、地上に再び戻ることなく霊の世界で発達するというのであれば、それら地上の環境下では全く得るものがないということで、そのスピリットが地上に行くことは全く不必要となり、時間の無駄ということになる。

実際にもし人間が地上の訓練を経ずに向上できるのであれば、これまで神が人間を地上に送っている理由とは一体何なのであろうか。

それがもし単なる幸運という問題であるなら、宇宙には道理も法則もないということになる。

スピリットそれ自身は、〝神の火花〟であり、神としての存在であり、常に完全である。すなわち悪いのは人格なのである。人格は、あなたが正しいこと、あるいは邪《よこしま》なことのどちらかを選択をすることで、質の問題につながる。

ねたみ、好色、不機嫌、強欲等を備えた人々は人格を発達させてこなかったからそうなっているのである。すなわち邪なるものを選択したことに原因がある。

殺人者においては、どの面が殺人に駆り立てたのであろうか。彼のスピリットによるのではない。すでに述べた通り、スピリットは神に由来しているからである。駆り立てたのは彼の自制心のない、未発達な人格である。

欠点を持っている人たちにおいては、何がその違いをもたらしているのであろうか。すべての人々は結局は怒り、好色、嫉妬、強欲等々を克服しなければならないが、これらのものを特別な段階を経て克服せよと主張しているのではない。

例えば、Aさんの地上生活ではまず強欲を克服するという課題が与えられており、Bさんには怒りを自制するという学習が必要である。それに対してCさんは、ことによったら目下は嫉妬などと取り組んでいるという具合である。

繰り返すが、どのスピリットも同一で同等のものである。違うのは人格においてなのである。

人格の重要な特性は霊の世界では変化しないが、向上はする。角は丸くなり、美的感覚が一般に発達する。

融通無碍《ゆうずうむげ》な霊の世界にいると、それが音響であれ、色彩であれ、形態であれ、いっそう美を感謝し理解することができる。

往々にして人々は、霊的発達により美に対して敏感にさせられていることを理解していない。皆さんは、疑わしげにこの種の何かを誰かが話しているのを時々耳にすることであろう。

「左様、ジョン・ウイリー氏は地上の風景には全く関心がなかったのですが、今では、そのことをよく私に申します。私には何故なのか分からないのです」

生前のジョン・ウイリーのスピリットはその機会を与えられていなかった。なぜなら彼は肉体的な制約を受けていたからである。

こちらでは発達が制約されず、彼は画家になろうと思っているわけではないが、絵画や風景の美しさを理解することができるようである。一度肉体から解放されると、私たちは物質の世界から霊の世界へと移動する。

最下層の幽界でさえも、一定期間を経て自然の霊的甦りがある。それはスピリットが自身の環境に見合った低い人格であったとしても、結局は自覚させられ、したがって必然的に、しかしながらゆっくりと向上することになるからである。

このスピリットは、地上で悪いことをしてこなかったとしても、邪悪な環境において、汚れた、邪悪な人格と接触し、そのためしばらくの間そうした環境にいたことで、美と聡明さが曇らされていたのである。

自分の境涯へ戻り甦ると、混乱し、模索と苦闘に満ちた人格は、何かよりよいものへの願望が呼び起こされる。

「自分自身を高揚させるには何ができるであろうか」ということの考えが出るやいなや、それが向上の始まりとなり、やがて助力が与えられるのである。

彼が進歩すると、より高い発展を望む。ある段階はさらに一つの段階に通じている。それは角を曲がることで、そこから続く新しい街路を見ているようなものである。

ついに人格は次のようなことを学ぶ。「道なんて気にするな、私は自分の進歩向上に最もよい道であれば何でも来いだ」

彼は地上生活の試みや誘惑によってしか人格を強め、純化し、進歩できないことを悟り、さらなる訓練のために地上へ帰還する。「彼は、克服することによって、人生の王冠が与えられるのである」

皆さんは、この霊界ではご自分の王冠を勝ちとることはできない。なぜならそこには克服すべき羨望、嫉妬、好色、強欲、そして他の邪なことがないからである。

＊　＊　＊

皆さんは、よく「二重人格」と言われるもの、それは人間が重病やショックに陥ったあと、長期あるいは短期にわたり全く異なった性格がたまたま現れるというもので、何がその原因であるか、私に説明してもらえればと思っていることであろう。

例えば、洗練され、気立ての良い人が、粗野な、執念深い、気難しい男になったとする。

すると一部の人は、それを真の憑依であると考える。すなわち、当座の間、彼の肉体に異なった別個の邪悪霊が取り憑いたというわけである。

こうした事例はごくまれである。それは霊自身の意志に反して誰をも支配することはありえないからで、人が何の区別もなく、どんな霊でもあえて受け入れるような態勢があれば可能であろうと思う。

善人も悪人も混在した大都市で生活している人であれば、自分の家の中に、いつ侵入してくるかもしれない浮浪者やならず者の存在を想定して、扉や窓など開放の状態にしてはおかないであろう。

同様に、分別のある人であれば、押し入ってきて取り憑こうとするものに、自分たちの心の扉を開放にしておくわけはなかろう。

心の扉をガードすることが常に大切なことであり、もしあなたの許しがなければ、誰も、何者の侵入も許すことはない。

「二重人格」とは、前世を経験した霊の自然なる結果の一つの現れであり、その再生のたびに、人間は悩み、学び、異なった失敗や悪癖を克服しようとしているのである。

例えば、Aという人は地上に4回生まれ変わったとする。それゆえ彼はある異常な環境にあって、かつての学習効果により活用できる4つの源泉を持っていることになる。そこで彼の心は、戻ることのできる4つの回線を持っているわけである。

常に覚えていてほしいことは、各人の潜在意識心は、各人それぞれの過去世のすべての経験について、明確で完全な記録を保持している「情報局」を担当しているのである。私はこの点を明確にしておきたいと思う。

もし洗練され、もの静かで、穏やかな人であるAさんがある晩、強盗に襲われ、頭部に重症を負い、ショックのあまりすっかり病気になったとしよう。

彼が回復すると、第二の人格が出現してきた。なぜなら、時たま、長期間あるいは短期間にわたり、すっかり彼とは別の、無愛想で、乱暴で、執念深くなったからである。

例えば、次のようなことが起こったとしよう。強盗の襲われる直前までの意識はあったが、その脳裏にある記憶といえば、ある種の怒りと彼の意識を失わせた頭部への一撃であった。

無意識状態とはすべての肉体的状況および周囲の状況を認識していないことであり、一般的には、ただこの点までしか意識心というものが理解されていない。

実は、（正常）意識心が潜在意識心と接触できるのはこれらの状態下のみであり、この働きは自動的になされるが、それは意識心が常に働いているから可能であり、この事例では肉体上で働いていない。

最適の例というわけではないのであるが（自分で考えついたものの中では一番良いものと思っているが）、意識心と回転台上の鏡を対比して説明してみよう。

通常、鏡は物質の状態を反射（記録）しているわけであるが、通常でない場合には（その持ち主が無意識である時）鏡は回転し、潜在意識の、あるいはスピリットの心という、存在の別の〝相〟をともに反射している。

頭脳は、この世の経験だけを保持することができる。それが、神が潜在意識心を与えた理由である。

潜在意識心は霊の不滅な領域に属しているため、過労というリスクがなく、あらゆる経験や記憶を有することができるものであり、この肉体頭脳に対比させて霊的頭脳と呼んでいる。

心の働きについて

次に、心の働きについて考えてみましょう。

その心を集中させよう、自らの心を強くしてまとめよう、あるいは乱れそうになっている状態を完全に統制しようという時、皆さんは一体どういう方法を取るでしょうか。

私たちが最も重視していることは「反省」であり、それによって原点に帰ることが大切です。この反省するという能力は人間には与えられていますが、動物にはないのです。人間に具わっている「反省」する能力。これは、神が人間に自主的に行動すべきだということを暗示しているのです。そのために人間の心の奥に先天的にもたされている能力であり、私たちはその意義を考えなければなりません。

反省を抜きにした人間には、どうしても一番波長が合いやすい悪邪霊、すなわち未発達霊との関係を構築してしまいます。そこでそうした関係をつくらないように、私たちは常に冷静に現状を理解し、自主的に自覚・反省すること、そのための意念の統制の必要性を説いています。

道は人によって遠い、近いがあります。その違いは、正しく意念の統制をすることによって近く、不統制によって遠くなるといえます。したがって、各人に具わっている反省力、すなわち自主的に反省することによって意念の統制に生かさなければなりません。しかし、この点がつい忘れられがちとなるので注意すべきです。精神統一の実修者においても差が出てきます。そのように意念の統制とのかかわりで重要です。

霊の働きには厳格さや絶対ということが全く求められてはいません。手段、方法など形式的なことを全く問題とはしていないのです。しかし少しでも不統制な心を持つことで、背後の守護霊と直結していたものが突然、邪霊の支配へと変わることがあります。「ちょっと」という瞬間的でごくささいな心の動きによっても、いくら微細なものであっても、その直前まで守護霊が働いていた状態であっても、好ましくない霊との道交を起こさせてしまうのです。

そこで、「統一の実修をしているのだから、これくらいの間違いであれば守護霊さんなら許してくれるであろう」、「守護霊さんとは馴染みがあるから、この程度なら見逃してくれるだろう」などと期待したところで絶対に通用しないのです。人間とは全く身勝手で、良いことがあると「守護霊さんが守ってくれたからだ」、困ったことや不都合なことがあると「守護霊さんは一体どこへ行ったのだろう」と思ってしまいます。

それに対して、今日の自由を無条件で尊重し、また自由に生きて、自由を振り回している人から言わせると、霊魂の働きなどということを耳にすると、すぐに頭痛を生じてしまうことでしょう。しかし私たち人間は、霊を相手とした場合にはそのように厳しいものであるということを折に触れ、確認する必要があります。

実際、自由はその人に与えられたものという点で、必ず責任を伴っていることを知るべきです。スピリチュアリズムでは、「与えられた自由は幸福への道を歩ませる自由であるが、大きな責任を伴いますよ」と教えています。責任を持たない人が不幸になるのは当然のことだからです。言い換えれば、人間は生まれた時から責務があり、真の幸福は、結局は自由によって到達するという意味でもあるからです。

この自由意志とは心の働きです。その心はいろいろな霊魂が集合して構成されています。集積する霊魂の心、全体の中心になる心が本人の心（自我霊）です。そこで、時として自分の心を形成しているいろいろな霊魂の中の、善玉と悪玉の間で騒動を起こしている場合があります。騒動が起こっている時は「心が乱れている」というわけです。特に邪悪霊、未発達の霊魂、さらに因縁霊がその集団の中で働いている時には、意念を正しい方向へ向けようとしてもどうしても邪魔されてしまうのです。

しかし、私たちには生まれた時から守護霊が働いてくれており、本来的には平和と繁栄と健康が約束されています。それを目標として進むためには、私たちは自主的な精神統一をすることが不可欠であり、それが最も重要であると言っているわけです。

精神統一と言っても、すでに述べた通り表面的・形式的な精神統一ではありません。人間の心を構成しているもの、人格をつくっているもの、個性をつくっているもの、人間そのものをつくっているもの、これらは自分を取り巻く諸霊魂の総合計の現れ（具現）です。そこには未発達霊、悪霊も含まれている可能性もおおいにあります。そしてその総合の働きによって私たちは生きているわけで、その中には「思索する」ということも含まれています。

私たちは毎日、心を千々に乱しながら、あるいはバラバラになるような状態下で暮らしています。その状態を打開するために、「思索」によって自分という存在について考える必要があります。

心の奥と因果律

第一章、第二章で述べてきた通り、心の奥とは霊魂のことですが、少し具体的に説明しましょう。

心は心という言葉で表現することは問題ないが、私たちはその心にもっと複雑な意味合いを含むということで、「意念」という言葉を採用し、「意念の統制」の必要性のあることをすでに述べてきました。心とは表面上の抽象的な解釈のものだけではなく、奥の方に探索を進めていくと、ある霊魂にぶつかります。その霊魂が心の中心となり、幸不幸を左右していることを知ったわけです。

その心の奥の実体は何かというと、まず一般の通念では、表の心とか裏の心などの表現があります。表に現れてきた心はただの無反省に使っている心です。それは「奥の心」、あるいは「心の奥」ということではなく、「あなたの心をよく考えてください」とか「でたらめの心があるでしょう」とか、「反省もしないで安易にペラペラとしゃべった心もあるでしょう」とか、「慎重に考えてお話しするという心もあるでしょう」などの日常的に指摘されるものに相当します。

そのように、心というのは複雑です。そこで表面に現れた心と奥に潜んでいる心の二つの心を考える必要が出てくるわけです。前者は往々にして嘘をついている心、でたらめな心であることが多いということでもあるのです。

私たちが心の奥をずっと調査していると、心の源が分かってきました。例えば、嘘つきの霊では、表の心を心らしく装っていることから、本当はどういう心を持っているかを慎重に調べることが必要となります。

人々は、よく心を迷わされたり、心でだまされたりすることがあります。ある時には話し上手とか、口がうまいことで引っかかってしまう。それは相手もやはり心の働きでしゃべっているからです。寝言のようにしゃべっているのではないのです。話術的な方法を駆使して相手をだまそうとしているので、本当にうまいことを言います。しかしその心の奥を探っていくと、結局は幽界の嘘つきの霊魂に行き着くことになります。

今日の心理学ではそこまで理解できません。霊魂を認めず、ただ心を心として扱っているからです。不良少年の場合、応用心理学では環境因子などいろいろな原因を求めて調べ、分析を進めていますが、本質的にはその人間の働きかけている霊魂がどういう霊魂であるかというかかわりを調べることの方が必要であることは、すでに読者は理解されているでしょう。

その解決には、霊を扱える人、すなわち立派な霊媒や審神者が必要です。しかし残念ながら、日本の常識では彼らを不適格者として受け入れられ難い環境にあります。本来であれば、学問的な考え方を取り入れている学者霊媒、例えば英国のウィリアム・ステイントン・モーゼス（1839~1892）、あるいはアメリカの医師、カール・A・ウィックランド（1861~1945）夫妻のような方が活躍していて、未発達霊たちを向上させ、あるいはいわゆる除霊をすることで、性格を直すことができる機会がほしいし、そうした実績の積み重ねが大切です。

しかし霊の働きということを、子どもの非行問題や自分たちの物事がうまく運んでいないなどで行き詰まった時に、それらの原因は未発達の霊魂、悪霊、邪霊の働きによるものだと考え、悪い霊さえ取り除いてしまえば（除霊）、子どもの非行がなくなり、あるいは仕事がうまく行くに違いないと勝手に思ってしまうのです。

そのように除霊さえしてもらえばすべてうまく解決するのだと、短絡的に考えてもらっては困るわけです。その理由は、自分たちの心の整理（心身の浄化）、意念の統制がなされていないと一時的な除霊がなされたとしても、またすぐに元の状態に戻るばかりではなく、除霊された霊はその行為を恨み、さらに強力な憑依をすることにもなりかねないからです。

さて、現実の問題として、災難、例えば個人的災難と社会的災難について考えてみましょう。脇は次のように解説していますが、これは筆者の判断で一般原則の部分を要約して分かりやすく紹介しているつもりであり、特定の事故や災害の被害者に対して冒瀆する気持ちは私たちには全くないことをご了解願いたい。

個人的災難については、本人の心がけが未発達の霊魂たちの働きかけを実現させ、災難に遭わされたということで、とりあえず理解されると思う。

社会的災難、例えば飛行機事故のような集団的な災難の場合は、心の持ち方だけでは全貌を理解することができない。まず、乗客全部の心が悪かったのかどうかということである。そこで私たちはその心の問題以前に、その人や、その人の家の背景となっている、特に霊的なもの、それによる因果律が働く余地があったかどうかを判断することになる。

ある人が飛行機に搭乗する以前、搭乗前後、その時点で悪い心を抱いていた。中には心がけが悪かったからこのような結果が出たという例もあろうかと思うが、もはやその時に因縁に基づく何らかの悪邪霊の力が働いていたかもしれず、あるいは憑依していたかもしれない。そのような事例は実際に多いようである。

そこで因縁的な力が働いているということは、すべて連携の結果であったと考えられる。すなわち全く人知を超えたところで目的達成を行うために、種々雑多なところで、因縁霊によって絶望の淵に落とされたりするわけである。さらに個人的な場合でも、あるいは集団的なところでも思いもよらぬ事故に遭わされたり、結局は災いを受けるように仕向けられている場合もある。そのように複雑な構図がある。

しかし、不幸の発生には必ず原因があるわけである。その原因とは言うまでもなく、「霊的な原因」である。また背後に好ましくない霊を背負っている人が、そうした集団的な不幸に遭わされるはずの時に、もしもその飛行機に大変立派な背後霊を背負い、衆生済度に類する気持ちを維持し、一霊能を持っている人が同乗していた場合には、この事故を避けることができる可能性もある。したがって、不幸な人にはそれにおおいに共鳴して不幸な人々が集まってくるが、その中に一人でも善い背後霊を持った人がいてくれれば、事故を未然に防いでくれるばかりではなく、むしろ奇跡にさえ変わることもある。

では、大地震のような場合、「こんなに悪い人がいたからこのような多数の犠牲者が出たと言えるか」という疑問が起こる。この場合も普段の心がけが一応そういう悲劇の一因子、一要素ということになるかもしれない。しかし、このような条件が揃っていたとしても全部には当てはまらないというわけである。このように単純に心がけで決まるわけではない。

また、その人にそのような不幸を招く邪悪霊的なものや因縁霊的なものがついているかもしれない。その場合に、世間的・表面的には心がけが良い方だったと人は言うかもしれない。しかしそれも、心霊問題として理解する必要がある。すなわち、心がけが悪いということは、それは一要素であると言えるが、やはり原因のすべてを担っているというわけではない。そこで、日常の私たちはそうした危険な立場に置かれている可能性はあるわけで、私たちは常日頃から反省を繰り返し、それによって背後の整理をする必要性を強調しているわけである。

このような災害を理解するには、多数の犠牲者が出たとか、少数であったとか、そうした数の問題ではないことを強調しておきたい。

さらに、似たような人たちがどうして亡くなるような目に遭うかという点については、それが天変地変で、例えば津波などの例では、宇宙の組織と、宇宙の運行上の事情から発生する。それに邪悪な霊魂や注意しなければならない霊魂を背負っている方が巻き添えを被ってしまう。いわゆる因縁霊としては、その機に乗じてうまく目的達成を遂げるということである。

そうした問題には神様は関与しない。しかし、神様はお見通しである。人間はどこまでも「意念の統制で進め」、「どこまでも反省せよ」、「神から考えた心で進め」。それが神様のお心持ちである。宗教的に言うと、愛とか、真とか、慈愛とか、奉仕とか、そうしたもので進んでいくことが人間の本質である。それは神様が人間に託した心である。それにもかかわらず、人間の方で勝手な考えを働かせ、神の心に背くことで、さまざまな不幸や悲劇が起こるのである。

今日の唯物教育では「神の御心にかなった人間」ということがなかなか理解しづらい。しかし、人間は物質だけでは作られていない。必ず、心が働いている。精神が働いている。それを生かさなければならないようにできている。それに対して、心は肉体の属性であり、肉体だけを重視すればよいと考えると、結局は社会生活に欠陥を生じ、社会問題として種々の事件が起きることになる。

私たちにとって、卑近な小さな幸せが問題ではなく、包括的な大きな幸せが大切であり、現在の私たちにはどのような霊魂が働いているかを知りつつ、守りかつ指導している霊魂はどうかということを判断し、ついには守護霊の指導によらなければならないということに結びつくはずです。

すなわち、霊魂の問題は、霊魂の働きについて教えているスピリチュアリズム（神霊主義）という学問によって判断することが正しい人生問題の解決方法ということです。

正しい背後霊とのかかわり

絵画などの芸術の分野で成功した人は、自分で意識するまでもなく自然とスピリチュアリズム（神霊主義）の考え方を会得されています。

絵画であれば、その奥義、絵をどのように画いたらよいか理解したということより、絵筆の方が自然に動いてしまう。優れた霊能力者がその仕上がりを見てみれば、やはりその作品について、指導霊が働いている形跡を指摘することができます。もちろんそれを一般の人に向かって、指導霊や支配霊が働いたと言っても分かるわけはない。それを、「絵に対する理解が深まり、悟りを開かれたのだ」とでも表現すれば通じることでもあるでしょう。

私たちの研究では、その人の向上心によって、ついに今まで身近に働いていた霊魂が向上して支配霊の役割を果たしたり、さらにその方面に才能を有する補助霊を付けてくれるようになります。大家がいざ絵を画こうとする時には、本人の努力に応じて指導的な、さらには補助霊的な背後霊が援助してくれ、驚くべき作品が生まれるというわけで、立派な画家は皆、このようです。

芸術の世界でも実業の世界でもすべて同様です。私たちはそういう世界に生きているのですが、一般には理解されていません。そこで成功哲学におけるように成功者の分析を行い、手がかりを見つけ、同じような行動をとったら良かろうということになります。それも一つの方法です。

例えば、C・M・ブリストル著の『信念の魔術』（邦訳・ダイヤモンド社、1954）は、心の問題を重視しつつ経営をすることを提言しており、私たちの日本スピリチュアリズム（神霊主義）の主張と一致しています。心理学を超越し、自然とスピリチュアリズムの主張と同一の立場に立っているわけで、それを一つの実践方法として認めてもよいと思われます。

さて、守護霊が働いているという時は、個人的な守護霊が働いているのです。同時に守護霊自身が支配霊、あるいは補助霊を擁して事業の目的達成を行っています。

守護霊が働くとか、あるいは指導する霊が働いている時に、必ずしも人間個人だけに働くというわけではなく、事業についても守護・指導することがあります。そこで、首脳者が社会に役立つ事業を常に心がけていると、その事業を成功させようと守護する霊が働き、そのような霊的環境が成立している時には、指導下にいる人たちは素直な気持ちで行動を心がければよいことになります。

そのように、あらゆる分野の人たちは、ありがたいことに守護霊、支配霊にいつも助けられているのです。霊媒などの能力に頼らなくとも私たちはその能力を持っているのです。

調和、反省、感謝、そして奉仕

私たちは生きていることを強く意識する時、「心」の存在というものに気づきます。「意識すること」によってあることに気づかされるからです。私たちはその生きている過程において、すなわち日頃からいろいろな心を働かせ、意識をして、それらを操っているわけです。

そこに調和というものが存在しなければ何事もうまくは行きません。私たちが対人関係において、人と角突き合って争い、相手を憎むことがあります。その状態を調和とは呼びません。調和を得ようとして、意志の力によって相手を変えようとしても、思うように行くものではないのです。そうした強引な方法を取ること自体が「我」の働き、「うぬぼれの心」の働きによるものであって、自分を強く押し出すことによって、かえって相手を硬化させ、反抗させることになります。

そのように、「相手が」という気持ちを持っている間は問題は解決しません。「我」の強い人であれば相手のことを批判し、向上心の強い人は自己を反省することに大きな違いがあることを知るべきです。相手の言っていることが自分を傷つけているかもしれず、相手の言葉が間違っているかもしれませんが、それと同様な心がはたして自分にはないのだろうか。必ず反省すべきことがあるはずです。

とかく人間というものは、自分自身のことは分からないものです。したがって、謙虚な態度で相手から学ぶ必要があります。「今、相手から教えられている」と思う、その心に調和は生まれます。

調和とは無心の心。無心とは我のない心です。無心の心の持ち主になること。それは茶道などの心と同じです。

無心に点ずる茶には、招いた人の心と和しています。人のことを悪く言わず、自分を誇張して見せようとしない心です。そのためには、自分よりも相手のためになろうとする「奉仕の心」がカギとなります。

たとえ相手が泥棒であっても、彼のために祈ってあげる心、それは下着まで脱いでやった良寛の心に認められます。良寛の心は泥棒に通じ、その翌朝には謝りに来させたのでした。

調和とは相手を尊敬する心、奉仕する心、無私の心、どん底からの慈愛心、それらは相手を師とし、仏として拝む心であり、それらは向上心に基づいた強い自省の心から生まれるのです。

悪人を見て悪人と思うのは、自分に悪心があるからです。その悪いと思う心が相手に伝わる時、相手はますます反抗的となり、事態は悪化していきます。調和を破っているのは、むしろ自分の心の方に問題があることを考えるべきです。

自らの心に向かって反省すること、その念は相手に伝わり、相手にも悪かったという念を生じさせる。調和の心を生むのは自分の心、それが向上心へとつながる。あくまでもその基本は感謝の心なのです。

自己が完成すれば、その波長は周囲に伝わり、もはや自分と争うような人は近寄ってきません。仮にやってきたとしても、相手の考えや言うことが以前とは必ず異なっているはずです。それこそが「波長の法則」の現れです。

私たちはなかなか思い通りに行かないことがあります。そのような時にこそ、自分に欠陥があったためにそうした事態が生じたのだ、と反省しなければなりません。自分から出たものが自分に戻ってきます。商売も、結婚も、家庭問題も、さらに人生百般すべてがこの原理に基づいているのです。

感謝の心が生まれる時、ゆとりが生じます。その心を持って人と接する時、相手も以前とは違った気持ちになり、話し合ってみようという円満な空気が生まれます。こちらの心が相手に通じ、相手を変えることになるからです。

そのように何事も自己完成から始めることが肝心です。自分を真に立派な人間へと高めようという意思があれば、「相手が」という敵対するものは存在しなくなります。大切なのは自己への目覚め、それは相手を師とし、それに感謝すること、そしてその心が大切です。仏教では相手に合掌します。それは相手を仏として拝む心の表現です。日本の古神道では、「和」の原理によってそれを説明しています。

私たちは何事も恐れる必要はありません。誰を憎むという必要もありません。誰を避けるという必要もないのです。来る人はすべて、目には見えない糸でつながれた縁のある人々です。したがって、彼らに奉仕すること、ひたすら感謝の心を持って胸襟を開いて交わることが必要です。

世は相身互いの気持ちで、相手のことだけを考えて奉仕することを心がけるべきです。

来る人は拒まず、去る人は追わず、仮に気持ちが合わない人であっても、自分の背後（守護霊を始めとする背後の霊たち）が十分承知して、あらかじめ処置をしてくれるものです。去る人はどんなに柔和な言葉をかけても、自ら去っていきます。その他に何を恐れ、誰を憎む必要があろうか。もし困っていることや思い通り行かないことがあったならば、自分に何らかの欠陥があるのだと反省すればいいのです。それは宇宙を貫いている法則です。

寛容とは、相手の欠点に対して我慢し、あるいは許したりすることでもあるのですが、実はそれだけでは不十分です。スピリチュアリズムの波長説によって説明すると、「相手は自分の鏡」ですから、相手は自分の欠点を教えてくれる師であると理解します。師である相手であれば、ただただ感謝の気持ち以外には起こらないはずです。人を許すことができるのは神だけであり、人間はいつも神から許される立場にあります。人間であって人を許そうとするのは、相手を師とする宇宙の原理を知らないことであり、それこそ「我」の働きの一つの型にほかならないのです。

不可欠な反省と修行

精神統一を行っているにもかかわらず、「我」がだんだん強くなっていく人がいます。いわゆる、うぬぼれ、増上慢です。人を人とも思わず、自分は偉いと思い、独りよがりで、自分を判断していることが原因で、目的達成は困難となります。

例えば、仕事に対する自信を他人に自慢するという行為も含めます。地上にいる間は、人々に自慢するほど仕事などがうまく行っているとは言えないものです。人間完成は簡単にできるものではないのですから、自信たっぷりだと思っていると失敗します。霊の世界の掟とは厳しいものです。

本来、自分の自信を他者に向かって断言できるものではありません。それにもかかわらず自信たっぷりでいられる人というのは、彼の「我」に由来しており、そのように思っていられる期間は永く続くものではありません。失敗する人は必ずうぬぼれています。自信たっぷりです。その失敗はまず仕事上で現れ、同時に健康面でも明らかになっていきます。そのような失敗をしないためにも、自らの反省が必要で、自己を客観的に正しく見ようとする態度が大切です。しかし、人間は自分を完全に見ることはできないものです。

自分が客観的に評価することができれば問題はありません。しかし一般に良いものだけは少しは分かるとしても、悪いことは分からないものです。うぬぼれが強いと、都合の良いことばかり考え、現実とは反対に、他人より下位にいても上位にいるように錯覚してしまいます。

私たちは地上世界で歩んでいます。それは修行の過程のうち、まず第一段階の物質界というところで歩んでいるのです。その位置は幽界の中間部あたりに相当します。いま生きている物質界は修行の世界であり、そこにおいて「向上した」とか、「成功した」とか、「おれは偉いぞ」などと言えるほどのことではないと知るべきです。

罪を隠すということ、それも取るに足らない行為です。罪を隠すということは、自分がしっかりしていないことですが、黙って偉そうな顔をしていれば、外面から見ても分からないものです。人目には罪を隠し通し切れると思っているからです。しかし、霊の世界から見ればすべてお見通しということになるのです。

私たちは修行の世界に居て、修行しているわけです。その現実の生活の中で、いろいろな事柄にぶつかりながら、その都度、反省の材料と場が与えられるようになっています。現実世界はこのように淡いものとも言え、したがって反省をせざるをえないような材料がいくらも与えられています。

では、山中で一人で修行すれば良いかというと、それがかえってむずかしいようです。それでも、山中において雨、風などの自然現象や万象の中に生き、そこから教えられ、また反省の機会が与えられています。

一番効率的な修行といえば、むしろ対人関係にあります。対人とは、一般社会の人だけを意味するのではなく、特に一家の夫婦、親子の関係が重要です。夫あるいは妻に教えられ、あるいは子ども、それも赤ん坊からも教えられることも多いのです。うぬぼれを持っていては教えることも学ぶこともできません。それを解決しておかないと、一つの破綻が生まれることになります。

私たちは改めて修行の世界にいるということを忘れてはなりません。修行の世界は必ず修行にかかわる諸事象においていろいろな負担があり、変化があります。善い人も、悪い人も来る。しかし、それは自分に対する教えであり、反省の糧となるのです。

悪いことや悩みに苦しめられる時、そこから幸せが生まれます。したがってこの悩みを生かさなければなりません。失敗を生かさなければならないのです。地上が単なる地上として存在するのではなく、修行の場としての地上があり、霊界に進むための資格を得るために歩みを続けているのです。そのような気持ちでこの世界を進むべきです。

それを会得することによって、死に臨んでも心持ちが本当に平和のままであり、それにより他界に移行してからの向上も早いのです。憎しみや不安の気持ちを持ち続けていると、その念によって向上は遅くなります。「我」が強ければ、それを感謝に変えましょう。家族全員がお互いに感謝しあうことが必要です。今日の一日を感謝の気持ちで総括し、家人とも握手してから休むくらいであれば、悪夢に襲われることもなく、また神経症性障害（ノイローゼ）にもならないということになります。

修行

宗教における一般的な修行として、例えば仏教の教理の中には、仏教徒が必ず守るべき「五戒」（①殺生戒〈生きものを殺すな〉、②偸盗《ちゅうとう》戒〈泥棒をするな〉、③邪淫戒〈姦淫をするな〉、④妄語戒〈嘘を言うな〉、⑤飲酒戒〈酒を飲むな〉）、それから２５０カ条となり、５００カ条の細目に分かれた戒律があり、それに基づいて修行が行われています。

また、キリスト教（ユダヤ教を含めて）も同様に、モーセの十戒（申命記5～11章は十戒、12～26章は律法、出エジプト記20章）、イスラム教でも六信（信仰箇条）・五行（実践項目）が示されています。

私たちの重視している修行は以下に述べる通り、「心身の浄化」と「意念の統制」に集約されます。

「心身の浄化」とはこれまでも述べてきましたが、要約すると以下の通りとなります。「心身の浄化」とは、身体は心、すなわち霊魂の機関であるので「霊魂の浄化」という方が正しいのです。人間の自我の機関は、幽体、霊体、本体の働きであり、それぞれが決して別々の存在ではなく、首尾連関したもので、それが相互に働きかけ、切っても切れない関係によって自我が表現されるようになっていきます。したがって、幽体（一切の本能と一切の感情の媒体）の浄化を図り、向上心を発揮させることによって、霊体（理性の媒体）の活動が期待されることになります。

そのためには、外部から肉体の向上を図りながら、他方、自らの思想を高めることによって内部からの発達を図っていく必要があります。そうした努力と訓練がおのずから幽体を完成させ、霊体発揮への道を歩ませることになり、ついには心身の浄化が完成されていきます。「意念の統制」についても要約すると、正しい霊能発揮には不可欠な実修法の一つとされます。私たちは、どのような立場や状況下にあっても、常に「悪い念」、「悪感情」をもたないように努力しなければなりません。この努力を積み重ねていくことが意念の統制を実践することにほかならないのです。「善い念」、すなわち「人を愛する心」、「慈悲の心」、「人を尊ぶ心」、「何事にも犠牲的精神を発揮する心」などは理性の顕れであり、その心持ちを保持することが重要です。

それに対して、意念の不統制とは「悪い念」、すなわち、「怨み」「嫉み」「憎しみ」「蔑《さげす》み」「怒り」「悲しみ」「憂い」「淫《みだ》ら」「不平」「不満」「競争」「焦り」などによって、良心に反する心持ちを抱くことです。

そして精神統一の目標を要約すれば、①純真な愛情、②着実な研究心、③高遠なインスピレーション、④衆生済度の念願、⑤心身浄化への修養、という具体的なところを定める必要があります。

レナード夫人

優れた霊媒であった**レナード夫人**（1882〜1968、Mrs.Gladys Osborne Lenard）は、何をおいても意念の統制が必要であると述べています。

また、心霊知識が全くないまま他界した米国の**ウィルソン大統領**（1856〜1924、第28代大統領）は、霊界に入って初めて心霊知識の必要を痛感したと霊界通信で伝えています。

「……霊性とか霊能とかと言ってみたところで、その前提として肝要なのは精神修養なのです。つまり精神的修養を積んでいけば、次第に霊性が発揮されていくのです」

その霊性発揮の困難さについて、「霊性の発達が地上生活で十分と言えない場合、当然幽界生活の方へ持ち越していくことになります」と言い、霊性の発達は想像以上にむずかしいものです。その地上生活こそ、実は心身の浄化・向上のための修業場であり、それによった「人格完成」が人生の意義でもあることを知るといいます。

シルヴァー・バーチ（133ページ参照）は、「むずかしいこと、苦しいことはありがたいことで、これを超越するところに、真の生きがいがある」と述べている通り、それによって愉しい人生が展開することに気がつくはずです。それが霊性の開発であり、「守護霊への道」を拓くことになります。

「守護霊への道」とは、霊的背後を浄化して神に通じる道を作ることであり、人間の濁った心、日本では和魂を本来の清い真魂に近づける行為を言い、そのために内省が必要とされます。内省はあくまでも自力的、自主的、自律的に行われなければならず、それに霊界の居住者の応援を得て浄化向上への道を進むということになる。そうした修行によって守護霊から神界へつながることができます。地上の人間は直接、神に通じる波長を持つことはむずかしい。しかし、守護霊を通じて霊界へ通じる波長を持つことができれば、それから神界へ通じることは可能となります。

さて、地上の人間は名前は分からないが、個性を持ったいろいろの霊魂からの霊界通信を受け続けています。ある霊魂は良い教えを伝えようとしますが、ある霊魂は逆に悪心・邪心を持たせ、悪人に仕立て上げようとしています。しかし、決して恐れることはありません。本人の心持ち以上の、またそれ以下の霊魂は決して働くことがないからです。そこで善い霊との関係を保つためには常に意念の統制、清い心を保つように心がけていればよいということになります。

仮に過去に悪い原因を作っていたとしても、心がけによってその結果は3分の1に減衰されると言われています。さらにその3分の1を不幸と考えず、その責を負うことを深く自覚し、感謝の気持ちをもって行動に移す時、次の瞬間からその不幸は幸福に転じ、以後万事うまく行くようになります。

心身の浄化・向上とは、そのように自然に行われるのであって、宗教や信仰と必ずしもかかわるものでもないのです。各自の持つ心の働きが自らを浄化させるのであり、それを完成へ導く方法が正しい精神統一ということです。そして、それが守護霊への道へ進むことです。

修行の軌跡

修行に伴う魂の進歩と色彩の変化について、クロード霊からの興味深い霊界通信を紹介しましょう。（『魂の進歩と色彩』スピリチュアリスト39：7～9、2002）

私はかつて、人間は生命の源である神から分かれ神の御許へ戻るまでに、どのように自己を向上させ完成させせなければならないかについてお話したことがある。

人間は肉体の制約によって正義を学ぶ。彼は神の許から遠く離れてさまよい、そこで邪悪を学び、ついには克服する。すなわちそれを制御することで肉体の低い自我を克服していくのである。

私の師が最近、非常に興味深い、色付けした図解や地図を見せ、人間の歩むべき生き方や向上の道筋を教えてくれた。それは私にとってとても参考になったので、皆さんにその原理をご説明したいと思う。

かつて物事を単純化するために、人間は一つの円を描きながら進化していると私は

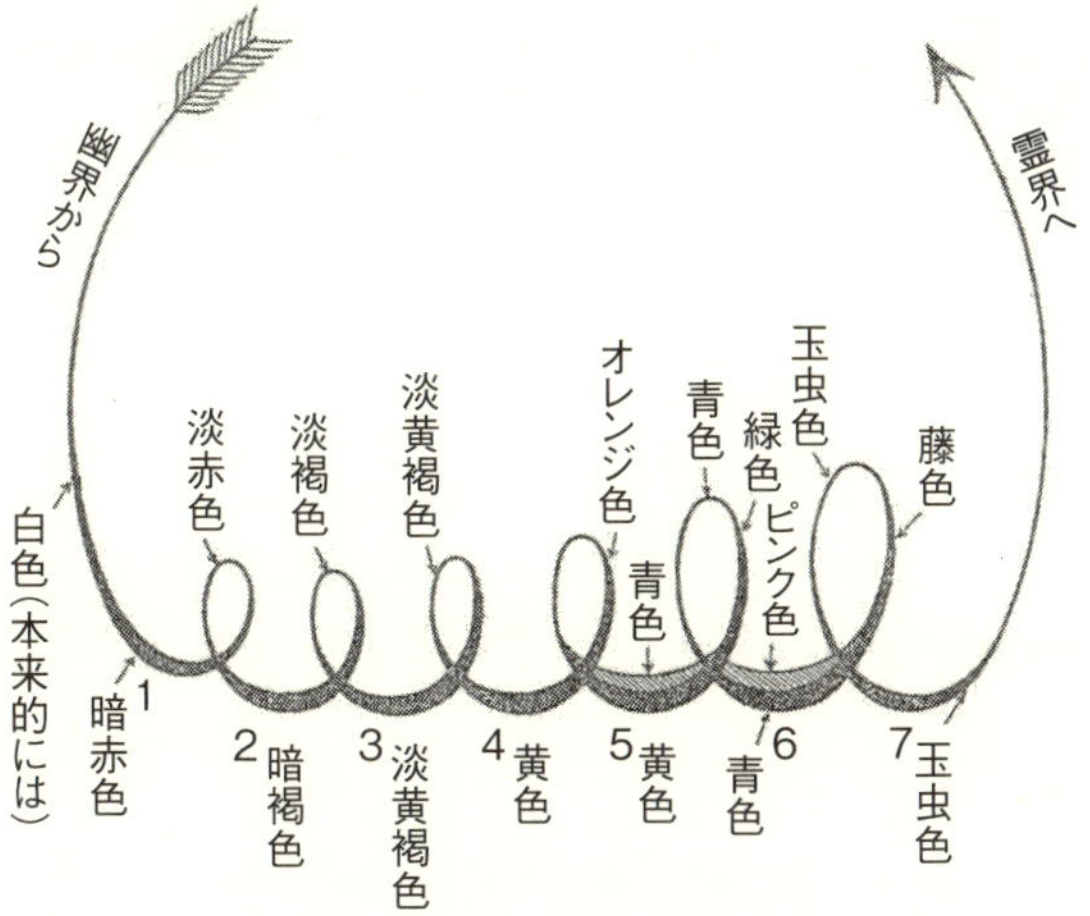

A氏の進歩過程（7回の再生による）
＜一部修正＞

お話したことがある。実はその人間の進路は完全な円ではない。それはほぼ洋梨の形を取り、一連のらせんを形成して前進しながら行くのである。

どのループ（輪）や、らせんも地上で肉体を持った状態、すなわち地上での生活を表している。それ全体が彼の経験のすべてということになる。

私が示しているこの図表の中の、アウトラインや大きさは、実際上すべての人たちに大体、当てはまるものであった。その違いと言えば、回数やループの色の違いによって認められる。

ある人は三つしか、らせんを描いていなかった。これらの人は、この短期間のうちにすべての課程を学びとり、すべての経験によって恩恵に浴そうと懸命に努力していたのである。

別の人たちの生活図には30ものらせんが描かれている。彼らはすみやかに学ぼうとする意欲や経験から恩恵を得ようとはしなかった人たちである。

それぞれのループの下向きの曲線は霊の地上への再生を示している。また、上向きの曲線は霊の世界への帰還を意味している。

ループは次第に長くなっていく。なぜなら、霊が向上すればするほど高い霊の世界へ上昇するからである。

オーラについてこれまでにいろいろと皆さんにお話ししてきたので、ここでは図解上の色づけの意味を理解しやすくするために、あることを皆さんに連想していただきたいと思う。

例えば、人間の性格はオーラに現れていることはすでにご承知であろう。その色彩は、その人の思考や欲望によって定まる。

同様に、A氏の7回の再生を繰り返した生活図においては、地上に生活している間のオーラは、実際にはこの絵の通りに種々の色彩で示されている。

神が各人のスピリットの核を形成するように遣わされた微小の「雫」（訳注：神性の成分）は、言うまでもなく純粋かつ完全であるので、A氏の生活地図は白線で始まる。

しかしながら、第一回目の誕生から地上を去るまでの間は、彼の色彩は暗い、陰気な赤色であって、それは低級で肉欲的性癖を示している。

彼はその色彩を根絶しなければならなかったことを、アストラル界（幽界）に戻って自覚した。そこで第二の誕生によって地上へ戻り、やや向上するが、まだ赤く、それでも多少青みがかって、もはや陰気な色合いではなくなっている。

もし彼がアストラル界に一時滞在している時、すべての不純物を取り除いておけば、彼の人格は「浄化された」ことであろう。なぜなら、人格の向上はただ蓄積された経験によってのみ行われるからである。

こうして、オーラは各人が無意識的に他の色合いを生ずるよう、何か新しい特性を発揮させないかぎり、一つの色彩だけを示すことになる。（ここの説明では、赤色に

は他の色彩の筋や点がついていなかったというようなことではなく、有力な色彩について述べている）

潜在意識の記憶に促されて彼は、この第二回目の誕生時に、自分の陰気な本能を抑制しようという欲求が自然とわき上がってきた。しかしかえって落ち込んで、不機嫌で、粗野な型の人間となったが、それは抑圧によって対極に至ってしまったからであった。

結果的にオーラは赤みがかった褐色へと変じる。なぜなら、突然の癇癪《かんしゃく》が爆発したことで逆戻りしたり、挫《くじ》けたりしたからである。

決して良い色彩とは言えないが、暗い陰うつな褐色となり、それでも陰気な赤よりも向上してアストラル界に戻っていったのである。

これらは最下層の物質的段階にあった。彼がこれまで精神的な発達を遂げられなかったのは、意識して努力することができなかったからであった。

第三回目に、彼はかなり明るい褐色となって地上に到達した。今回、自分の潜在意識心によって刺激され（往々にして他の反作用が現れるわけで）、好色か抑鬱かなどによる肉体の奴隷とならないよう闘ったのである。

A氏は精神的にさらに発達しようとして、研究へと進み、世捨て人となった。そこで向上するにつれて褐色に混じって、より黄色味が強くなり、ついには淡黄褐色となり、結局、地上を去っていった。

四回目には、もっと明るい色彩となって戻ってきた。彼はいまだ精神的向上を望んでいたが、それはもっと高い観点に立ってのものであった。

A氏は親切でもあったが、その気持ちを素直に外に出すことがなかったので、時にはいくつかの古い赤色の斑点に悩まされていた。しかしそれを統制することでかなり改善し、この頃は黄色が主に占めるようになっていた。

その混合効果でオレンジ色となった。それは温かい人間的感情を持って、しかも冷静、精神的かつ超然とした態度へと向上することで、他界した時には美しい黄色になっていたのである。

このあとの滞在は、霊の世界でも以前より高い階層に位置していた。そして彼は二つの特性、愛と霊性を発達させなければならないことを覚った。

したがって、彼が地上に五回目の帰還を再び果した時、精神と同じく、霊的清浄化に努力した。するとオーラには青色が加わり、そこにはすでにあった黄色を伴っていて、希望の色である美しい明るい青味がかった緑色へと変わっていた。

A氏は多くのことを成し遂げた。そこで彼が再び地上を去る前に、美しい純粋な青色となっていたが、それはもとより霊性の高さを示しているのであった。

彼は肉体的欠陥を克服して、精神的にもまた霊的にも向上を遂げていた。しかし比較的冷静で、捕らわれない、美学的方向に進んでいた。そこで今度は自分には愛と多分に自己犠牲を学ぶことが残されていることを知った。

A氏が、神の学校へ六回目の帰還を果たし、非常に才気溢れた作家となった。しかし、病弱な妻のために多くの世俗的な栄達の機会を捨てたのであった。

ついにA氏は、自己の欲望を犠牲にして真に愛することを学び、その結果オーラの色は美しいピンク色へと変わった。

それにはすでに青色が加わっていて、融合して完全な藤色、すなわち多くの領域に発達を遂げた証拠が残されていたのである。

ここにまで至ると、彼のオーラは虹色に輝く、燃えるような外観……すなわち黄色、青色、ピンク色、藤色となって戻ってきたのであった。

A氏は苦心の末、不完全さを克服して色彩を純化させてきた。それは美しいピンク色の、純粋、完全、没我的愛が、最初に地上に生まれた時の陰気な肉感的な赤色を浄化・精製し、霊化した結果であった。

彼はさらにもう一度七回目の再生を果した。それは特別の願いである、人類の改革者、指導者となるためであった。そして、これを最後として彼は霊の世界へと戻った。

彼は霊の世界で今や、すばらしい、虹色にきらめく蛋白石のように、美しい色合いを以て輝いている。

A氏が私の師であること、そして彼が示してくれた生活図こそ彼自身のものであった。

成功へ導く正しい日常生活

さて、「地上と広義の霊界とを結ぶ道交の最大の問題点は、その人の心が雑念妄想で占領されていることである」と、故ウィルソン米国大統領が霊界通信を通じて述べている通り、私たちは日頃から心の雑念、妄想を取り除く努力を積み重ねておかなければなりません。そして、感情を理性へと昇華させる必要があります。

心を集中させるとか、霊感を働かせる場合でも、正しい回答を得なければ意味がありません。そこで正しい統一が必要になりますが、それは心、すなわち霊魂たちの心が集中されたものが心であることも留意する必要があります。例えば、人を殺そうとか非行をしようとする霊魂の心、そこにはその考えを阻止しようとする心も働いています。たしかに、そうした働きをしようとする心を持つ霊魂によって行動に移すことになる場合がありますが、霊魂は心の働きに影響を及ぼすことしかできません。ここで、その心が身体全体を使うということに着目する必要があるわけです。

そのためにはまず感情、すなわち本能を昇華させるということは、感情を理性へと近づける作業であり、そのための方法としては反省を続けることが重要です。

そこでひたすら反省を心がけ、憎しみや我執、すべての取り越し苦労を取り除くことです。

憎しみから派生したものとしては、「怒り」、「嫉妬」、「争い」、「怨み」、「邪推」、「偏狭心」が、肉体的欲望であり我執の類としては「嘘」、「偽り」、「虚栄心」、「利己心」、「不調和」、「うぬぼれ」、「依頼心」、「良心に反する心」、そして取り越し苦労の類の「心配」、「気兼ね」、「焦り」、「いらいら」、「ひがみ」、「引っ込み思案」などがあり、それらを取り除くことになります。

それは、私たちが日頃働かせている「意志」「意識」などは心の働きに属し、同時に「幽体（感情の媒体）」か「霊体（理性の媒体）」のどちらを優先しているかによって、幽界または霊界へと心を振り向けていることになります。当然、それぞれ違う周波数を持ち、その心の波を同じくするものと道交することになりますが、そこにはラジオの選局と同一の原理が働いています。

心身の浄化、向上は完全にこれと関連し、ある意味で自然にも行われています。それは決して宗教や信仰によるものとは関係なく、各自の心の働きが、自らを浄化させているのであり、それを完成に導く方法として「正しい精神統一」が役立つということになります。これを私たちは「守護霊への道」と言い、各自の霊的背後を整理することが大切です。

そして意念の統制によって正しい霊能が発揮され、守護霊と感応道交できるようになると、ある意味の理想的な人生の展開が思い浮かびます。

その人の人格は高邁で、普段から自然の心のままで良心に恥じることをしません。悪を心から嫌い、自然と悪から離れます。人間性が充ちていて、人を憎んだり、怒鳴りつけたり、自己を誇示するようなことはないのです。周囲に悪人が出れば、その人が善くなるように、善い言葉、善い方法を直感により発見することができます。

また他人に対してはその美点がよく見え、物に対してはその心の美しさをはっきりと理解し、人や物の奥まではっきりと見通す目を持ちます。また自分の仕事に対して、真理探究の気持ちが湧いてきます。勉強したい、もっと深く研究したいという気持ちが湧いてきます。

他人に対して憐憫の情を持ち、哀れさに通じ、お互いに慈愛で進もうという気持ちになります。いかなる時でも良心を守り、人間の真《まこと》の道を貫きたいという気持ちを持ち続けます。また、個性を発揮し、創造性に充ち、自分独自のものが生まれてきます。

経済面や家族の関係もうまく行き、一生の間、健康であり、使命達成の時まで病むことなく、次の代が立派に育つまで死ぬことはありません。

結果として、すでに一流の芸術家の例で示したように、おしなべて優れた業績を上げて高い評価を得ている人々を研究してみると、重なる苦労を耐え抜いて磨かれた美しい心の持ち主です。譲歩の気持ちを汲み取ることができ、偉ぶらず、心から他人を尊敬します。そうした心の持ち主であればこそ、精神統一の状態において立派な作品や業績を残せるのです。

彼らは人生を送るうちに、無意識のうちに、心の問題が大切なことを学んで実践しています。例えば、「真心を尽くすべきである」、「いついかなる場合でも、奉仕の精神を持たなければならない」、「他人を立てなければならない」、「他人から学ばなければならない」、「うぬぼれはいけない」など、永い経験を通して理解しています。

それは日頃から、私たちの主張する意念の統制と同様のことを意識せずに行っていたわけです。彼らは神霊主義者でもなければ、心霊常識の持ち主でもないが、それほどの心境に達していれば、スピリチュアリズムの話をすればすぐ理解されるはずです。そのように、永い人生の中で正しいことを自覚し、同時に実践してきたということは、守護霊から教えられたと言えるからです。

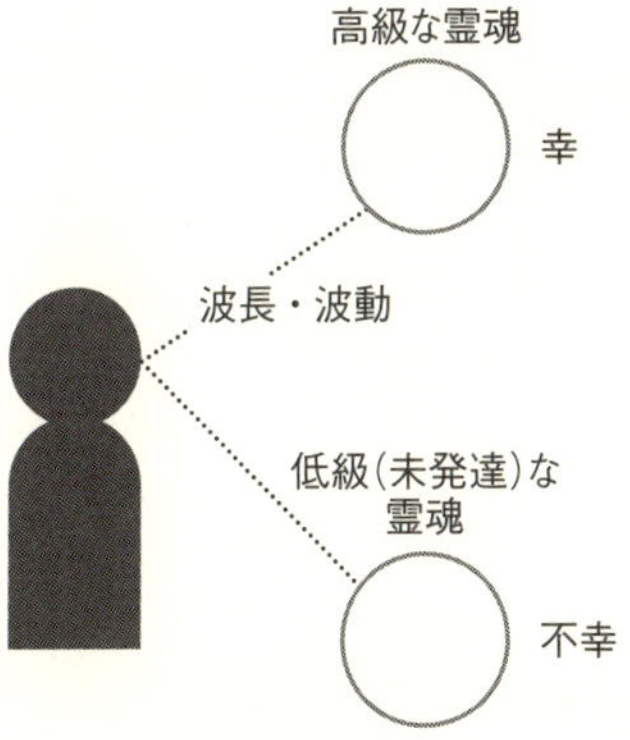

念の働きと結果

以上から理解される通り、スピリチュアリズムの常識を心得るということは、すべての原理に通じ、すべてのコツを把握し、いわゆる極意をすでに握っていることに通じるわけで、上の人たちが時間をかけて体得してきたことを、意識の上において短期間のうちに理解し、効率的にそれぞれの領域に到達しやすいということです。

意念の統制とは、自分の「我」の働きにある制御を与えることです。その成功・失敗は本人の意志が強いか弱いか、努力をするかしないか、その意志の強さにかかっています。うぬぼれ心の強い人には反省心が起きないため、それらのことが実行できません。

一般に意念の統制は素直にできるものですが、それができない人を研究してみると、統制をしようという気持ち、精進しようとする心が、ある念の働きの影響で邪魔されていることがよく分かります。

その「ある念」とは、①家の念（夫婦など家族の雰囲気）、②職場の念、③社会の念――に分類されます。

本人がスピリチュアリズム（神霊主義）の思想体系を理解し、人生を切り開こうと意念の統制を試みても、一家の者たちが邪魔をすれば意念の統制は乱されてしまいます。そこにはどうしても一家の理解と同調が求められます。もし一家の同調が得られるならば、本人の反省と精進と相まって、病気や性格などの悩みは、たちまち好転するのです。

自分に関係する悪い性格や病気、家族に関する子どもの非行、病気、争いなどは家の念の作用が強く、仕事に関係することは、職場の持つ念の作用が問題となります。もし自分に対して厳しい態度で臨めば、外からの念を超えて、自己の意念の統制はできるものです。もしできなければ、それら外からの念の働きについて反省してみる必要があります。

意念の統制には基礎工事に相当する準備が必要です。それは普段からの心がけが大切であるということです。それには事あるごとに反省して素直になって努力することであり、その上に精神統一の実修が行われます。精神統一は形だけの統一であっても、背後霊の整理は可能ですが、本人の反省や努力がなければ、背後霊は再び悪いものたちに占拠されてしまうのです。そこで、精神統一の効果を高めようとするなら、日頃から誤った考えや邪悪な念を取り除く努力が欠かせません。一方、良い統一ができれば、自然に意念の統制はうまく行えるものです。

その基礎工事の上に、家族の雰囲気を同調させることが大切です。それができないのであれば、意志薄弱であると捉えられても仕方がありません。

そしてそれが完成する時、守護霊への道が通じ、病気も一切の不幸もなくなります。その人は真実の人間となり、良心に恥じる心や不統制な心はおのずから起こらなくなるのです。さて、最後にぜひ知っていただきたいことは、単独（自力）の精神統一は危険であるということです。精神統一は、各自の背後で守護霊が守ってくれているから大丈夫というものではありません。

霊が働くということは、波長関係で自らが悪波長を発していれば悪邪霊と道交し、守護霊との道を中断させてしまい、守護霊の方はどうにも手助けできなくなるからです。

そのような事例の多くは、本人や一家が悪意を持った霊たちに憑依されることになり、好ましくなく、それも生死にかかわるような事態も発生する可能性があります。それは統一者一人ではどうにもすることはできません。そこに指導者、あるいは審神者の存在が必要となります。それは、漠然と神仏の守護や祈願をする場合でさえ共通のことです。

それに対して、「心身の浄化」「意念の統制」が正しく行われていれば自力統一も可能で、あえて危険な自力統一に固執しなくても日常の生活のままで正しい霊能を発揮することができ、さらに時機が至れば、背後霊団の協力で一層優れた霊能力を発揮できるようになるのです。

〔著者紹介〕

春川栖仙

はるかわ・せいせん

東北大学医学部卒。医学博士。

心霊科学研究会（大正12年３月、浅野和三郎先生の主唱によって設立）において脇長生先生に師事し、他界されるまでの20年間、精神統一の実修を受け、合わせて日本古来の古神道、日本スピリチュアリズム、欧米の研究の実情などを知る機会を得た。

さらに、ニューヨークにおいて２年間の臨床医学研修の期間、彼の地においてもカーニック女史（手相学の権威で指導者。ニューヨーク・パラサイコロジー・フォーラムの主宰者）の厚遇を受け、「サイキック・オブザーヴァー」主宰のナゴルカ夫妻、バイアス師、ケイシー霊媒の子息ヒュー・リン・ケイシー氏、A.S.P.R.のオーシス博士、超心理学財団のクーリー夫人（霊媒ギャレット夫人の息女）、ミッチェル元NASA宇宙飛行士、S.P.R.のカットン名誉書記、心霊研究会（ロンドン）のジョンソン氏、その他各国の著名霊媒や研究者を数多く紹介され、欧米の心霊研究ならびにスピリチュアリズム研究の実情を自分自身の眼で確かめる貴重な経験をさせてもらうことができた。

「心霊科学研究会」の実行機関である「日本スピリチュアリスト協会」（昭和34年設立）の法人化（平成8年）により、会長に就任、現在に至る。

【著書】

「心霊研究事典」（東京堂出版）、「心霊現象を知る事典」（東京堂出版）、「スピリチュアル用語辞典」（ナチュラルスピリット社）、「新時代におけるスピリチュアルな生き方」（東明社）、「近代古神道の歩み」（日本スピリチュアリスト協会出版部）、「日本スピリチュアリズムの成立」（同）など。

心霊科学入門
人生を導くスピリチュアリズム

●

2019年8月8日　初版発行

著者／春川栖仙

編集／磯貝いさお

装幀・DTP／小粥 桂

発行者／今井博揮

発行所／株式会社ナチュラルスピリット
〒101-0051 東京都千代田区神田神保町3-2 高橋ビル2階
TEL 03-6450-5938　FAX 03-6450-5978
E-mail: info@naturalspirit.co.jp
ホームページ https://www.naturalspirit.co.jp/

印刷所／中央精版印刷株式会社

ISBN978-4-86451-312-8 C0011